Vida en la Tierra

Que Inspiran y Empoderan a Mujeres y Niñas

Maria L. Ellis, BBA, MBA

AVISO LEGAL

Diseño de portada: Jennifer Stinson
Edición: Cory Hott

DEDICATORIA

A todas las mujeres que nos precedieron,
que abrieron caminos entre el silencio, la lucha y el sacrificio.

A las mujeres de hoy,
que se alzan con fuerza, sabiduría y valentía
en cada rincón del mundo.

Y a las niñas que heredarán el mañana—
que sueñen sin límites, caminen con confianza
y reconozcan el poder inquebrantable que habita en su interior.

Este libro es para ustedes.
Que estas palabras les recuerden que su voz importa,
que su presencia es esencial,
y que su luz tiene el poder de transformar el mundo.

TABLA DE CONTENIDO

INTRODUCCIÓN

Soy una mujer latina que ha vivido muchas estaciones de la vida: como hija, madre, esposa, líder empresarial y buscadora de verdad. En cada etapa he sido testigo de cómo la fuerza, la gracia y la resiliencia de las mujeres moldean no solo a las familias y comunidades, sino también la esencia misma de la humanidad.

Esta colección de poesía nace de esa comprensión: una celebración de la feminidad en todas sus formas — tierna y feroz, vulnerable y poderosa, sensual y sagrada. Mi intención es inspirar y empoderar a mujeres y niñas para que reconozcan su valor, abracen su individualidad y honren la energía divina femenina que habita en su interior.

Cada poema en este libro refleja las voces, luchas y triunfos de mujeres que se atreven a amar, a liderar y a elevarse. También es un tributo a las generaciones que nos precedieron — aquellas que abrieron puertas con coraje y determinación — y a las jóvenes que continuarán este camino hacia la igualdad, la expresión y el autodescubrimiento.

Que estas palabras recuerden a cada lectora que la feminidad no es una debilidad, sino una fuerza radiante de creación y renovación. Que las inspiren a cultivar la confianza, la compasión y el valor — los pilares de una vida empoderada.

Con amor y propósito,
Maria L. Ellis, BBA, MBA

AGRADECIMIENTOS

A todas las mujeres que me han inspirado con su fuerza silenciosa,
su sabiduría ancestral y su inquebrantable fe en la vida.

A las amigas, mentoras y soñadoras
que me acompañaron en este viaje de palabras y propósito,
gracias por recordarme que la poesía también puede sanar y
empoderar.

A mi familia, fuente constante de amor y aprendizaje,
por su paciencia, comprensión y apoyo incondicional.

Y a cada lectora que abre estas páginas con el corazón dispuesto:
que encuentres en estos versos un reflejo de tu grandeza,
un recordatorio de tu valor y una chispa que despierte tu
propia voz.

Con gratitud y esperanza,
Maria L. Ellis, BBA, MBA

EL FUTURO LLAMA

(The Future Beckons)
por Maria L. Ellis, BBA, MBA

En un mundo donde los sueños chocan,
donde lo imposible se aloja y reposa,
existe una verdad, callada y sutil,
de cómo los imposibles dan calma al vivir.

Porque al buscar las cumbres doradas,
dejamos atrás las sombras y las miradas,
rompemos los límites del ayer,
para forjar el mañana que ha de nacer.

El presente es un eco del pasado,
un tapiz de historias entrelazado,
pero en el alma arde un fuego interior,
sediento de altura, de vida y fervor.

Los sueños imposibles nos purifican,
despojan el alma y la magnifican,
enfocan los ojos en lo que será,
una vida libre que renacerá.

Pasamos los días mirando atrás,
cautivos de huellas que el tiempo da,
pero el futuro llama, hoja sin manchar,
espera tus manos para comenzar.

Suelta las cadenas que atan tu ser,
libera los sueños que laten en él,
abraza el reto, acepta el dolor,

pues los imposibles dan nuevo vigor.

Aceleran el paso, nos hacen volar,
lado a lado, sin titubear,
con fe y fuerza, sin desistir,
montañas caemos para construir.

Y cuando elevamos alas sin ley,
el pasado ya no nos sujeta, ¡no más rey!
Rompemos el molde, la historia se alzó,
con sueños imposibles, la vida brilló.

Atrévete a soñar lo irreal,
pues simplifica y acelera el ritual,
te espera el futuro, lienzo sin pintar,
con sueños imposibles, tu vida brillará.

EMPODERANDO A LAS MUJERES

(Empowering Women)
por Maria L. Ellis, BBA, MBA

En un mundo donde habita la fuerza,
donde los sueños, como estrellas, iluminan la inmensidad,
se eleva un llamado claro y profundo
para que las mujeres se alcen y disipen el temor.

Abraza tu poder, valiente y feroz,
libera los sueños que guarda tu voz,
pues eres guerrera, noble y fiel,
con la fuerza de hacer tus sueños reales también.

No permitas que las dudas te aten,
ni los juicios apaguen lo que arde,
porque tu destino es abrir camino,
seguir tu luz, marcar tu destino.

Al perseguir tus más hondos anhelos,
descubrirás un fuego eterno,
la energía fluye por cada vena,
enciende tu brillo, rompe tus cadenas.

Tus sueños tienen peso y sentido,
dan voz y alma a tu camino,
abre las puertas, desata tu poder,
y alumbra la noche con tu ser.

Deja que la pasión te guíe al andar,
con resiliencia podrás llegar,
porque en tu interior arde un fuego sagrado,
una fuerza que nunca será domado.

Juntas nos alzamos y volamos alto,
rompiendo barreras, creando un salto,
pues cuando las mujeres se unen en fe,
el mundo despierta, renace otra vez.

Sueñen, mujeres, sueñen sin fin,
que sus sueños las guíen al porvenir,
persigan su alma, abracen su luz,
y vean su vida florecer en virtud.

Porque ustedes son fuerza, llama y fulgor,
hechas de magia, coraje y amor,
abracen sus sueños, déjenlos brillar,
y con su luz, el mundo iluminarán.

MUJERES SABIAS: ROMPIENDO LAS CADENAS DEL PASADO

(Wise Women Cast Aside the Shackles of the Past)
por Maria L. Ellis, BBA, MBA

En un mundo donde el cambio parece lejano,
donde la realidad suplica lo mismo y lo vano,
se alzan las mujeres sabias, con gracia y poder,
a crear un nuevo modelo, un nuevo amanecer.

Porque luchar sin rumbo no sana el error,
mas la sabiduría, la innovación y el amor,
encienden el alma, despiertan la voz,
para forjar un futuro que brille feroz.

Con el corazón ardiendo en visión y verdad,
soñamos un mundo de amor y equidad,
rompemos las cadenas del viejo mandato,
y erigimos un sueño vibrante y dorado.

Dejamos atrás las ataduras del ayer,
creando un legado que ha de florecer,
avanzamos firmes, con paso seguro,
nada nos detiene, ni el miedo oscuro.

Tejemos compasión en cada hilo y color,
un tapiz de esperanza, ternura y valor,
la empatía guía nuestro caminar,
mientras el nuevo modelo empieza a brotar.

Unidas estamos, hombro con hombro,
cada voz alzada, sin miedo ni asombro,

tendiendo puentes con amor profundo,
creamos unión en todo el mundo.

Porque las mujeres sabias bien saben en su ser,
que el cambio no nace del odio o el poder,
sino de construir con amor y bondad,
un modelo nuevo, una nueva realidad.

Levantémonos, mujeres de luz,
demostremos al mundo nuestra virtud,
con resiliencia forjemos el porvenir,
un futuro brillante por descubrir.

Pues nada cambia luchando en soledad,
sino con unidad y humanidad,
mano con mano, alma con alma,
sembramos un mundo que sana y calma.

Avancemos, mujeres de fuego y fe,
con la sabiduría guiando el porqué,
porque sabemos, desde lo más hondo del ser,
que llegó la hora de renacer.

EN EL CORAZÓN DE
LAS MUJERES SABIAS

(In the Hearts of Wise Women)
por Maria L. Ellis, BBA, MBA

En el corazón de las mujeres sabias nace una visión,
de cambio inmenso, de historias sin canción.
Creen en el poder del amor y la compasión,
para derribar muros y crear una nueva nación.

La sabiduría susurra secretos antiguos,
que sólo escuchan los oídos distinguidos:
el cambio comienza con una fe interior,
con la transformación del alma y del corazón.

Con la empatía como arma, escuchan y aprenden,
de miradas diversas los hilos entienden,
pues las mujeres sabias saben con certeza,
que la unidad es llave y fortaleza.

Se reúnen en círculos, hermanadas en luz,
apoyándose siempre, en amor y virtud,
sus voces se elevan, se funden, se enlazan,
y juntas despiertan la chispa que abraza.

Desafían las normas con valor profundo,
cuestionan lo viejo, renuevan el mundo,
con mente clara y saber interior,
pavimentan el paso hacia un porvenir mejor.

Las mujeres sabias creen en el saber,
pues saben que educar es poder,

buscan inspirar, elevar, enseñar,
a nuevas generaciones que sabrán volar.

Abogan por justicia, igualdad y derecho,
dan voz al silenciado, curan su despecho,
marchan unidas, banderas en alto,
clamando por cambio con sagrado canto.

Mas las mujeres sabias entienden también,
que la paz es fuerza, no arma de bien,
usan sus palabras, su gracia y ternura,
para unir corazones, sanar la amargura.

Cultivan amor en cada paso y acción,
saben que la unidad redime el error,
con mente abierta y corazón sincero,
construyen un mundo nuevo y entero.

Aprendamos de ellas, su noble sendero,
sigamos sus pasos, firmes y certeros,
pues el cambio se logra al creer de verdad,
que lo viejo se vence con nueva bondad.

Con amor como guía y sabiduría en flor,
alzaremos vuelo hacia un mundo mejor,
porque el poder del cambio en nosotras está,
mujeres sabias, ¡el futuro surgirá!

MUJERES QUE ABOGAN POR LA IGUALDAD DE DERECHOS

(Women Advocating for Equal Rights)
por Maria L. Ellis, BBA, MBA

En la búsqueda del cambio, las mujeres se alzan,
con firmeza y coraje, las voces se abrazan,
como truenos resuenan, proclaman su verdad,
en la llama encendida de la equidad.

Exigen igualdad en todo lugar,
que el valor de la mujer se haga brillar,
combaten prejuicios de siglos pasados,
derriban los muros aún levantados.

Mujeres que abogan por justicia real,
en un mundo donde lo justo es desigual,
luchan sin miedo ante la opresión,
reclamando el derecho a la liberación.

Defienden el cuerpo, su autonomía,
la libre elección, sin hipocresía,
los derechos reproductivos protegen con fe,
ascendiendo libres, mujer y ser.

Claman por seguridad, por vivir sin temor,
en un mundo que aún conoce el dolor,
alzan su voz contra el abuso y el mal,
exigen respeto, justicia y final.

La educación promueven, semilla vital,
para empoderar mentes y bien despertar,

porque el conocimiento transforma y libera,
rompe cadenas, ilumina la espera.

Defienden la Tierra, madre sagrada,
la cuidan con alma, entrega y mirada,
luchan por un mundo sostenible y verde,
por la belleza que nunca se pierde.

Marchan por la paz, por el fin del dolor,
por un mañana sin guerra ni horror,
con corazones abiertos tienden puentes de amor,
buscando armonía, sembrando valor.

Mujeres que abogan por inclusión y diversidad,
por respeto y unión en humanidad,
celebran las diferencias, las hacen canción,
tejiendo un mundo de aceptación.

En su cruzada por el cambio, se unen sin cesar,
brillando juntas, dispuestas a actuar,
con fuerza y resiliencia trazan el camino,
hacia un futuro justo y divino.

Unámonos a ellas, hombro con hombro,
por justicia, igualdad y un mundo asombro,
pues cuando su voz resuena y se ve,
el progreso florece, renace la fe.

GRANDES Y AUDACES
METAS DE VIDA

(Big Audacious Life Goals)
por Maria L. Ellis, BBA, MBA

En el reino de los sueños, donde habita lo posible,
las grandes y audaces metas laten, invencibles,
nos llaman a ir más allá de lo conocido,
a transformar la vida y crear lo prohibido.

Con el valor como guía, osamos imaginar,
un yo futuro que no teme innovar,
estas metas, valientes y llenas de ardor,
encienden el fuego del alma y del amor.

Nos retan a romper con lo habitual,
a abrazar la tormenta, el riesgo vital,
pues sólo en el caos florece el crecer,
liberando el poder que dormía en el ser.

A cada paso, dejamos la piel,
renacemos del miedo, del ayer cruel,
rompemos cadenas de lo mediocre y banal,
forjando un destino sin final.

Las grandes metas exigen total entrega,
nos impulsan a erguirnos, a ser bandera,
encienden la pasión, despiertan la fe,
y el espíritu vibra, vivo otra vez.

Nos lanzan adelante con fuerza y razón,
desafiando normas, cambiando el guion,

reescribimos la historia con claridad,
creando un futuro de autenticidad.

En su búsqueda hallamos valor escondido,
resiliencia y temple jamás percibido,
aprendemos que el fracaso es peldaño,
que afina el alma y pule el daño.

Las grandes metas rompen la monotonía,
inspiran el salto, el alma y la osadía,
nos llaman a ser más, a trascender,
a vivir lo extraordinario, a renacer.

MUJERES VISIONARIAS
QUE SE ATREVEN

(Women Visionaries Dare)
por Maria L. Ellis, BBA, MBA

En el reino de los sueños, donde se atreven las visionarias,
surgen grandes metas, audaces y necesarias,
encienden un fuego profundo y fiel,
inspirándonos a actuar, a creer, a ser.

Estas metas colosales, de poder y pasión,
nos guían al futuro con nueva dirección,
nos llaman a enfrentar desafíos inmensos,
a tender la mano, cruzando los tiempos.

Con ambición sin límites nos invitan a explorar,
a innovar, crear y a puertas abrir sin dudar,
a hallar soluciones que el mundo precisa,
y elevar la humanidad con alma sumisa.

Grandes metas audaces guardan la llave interior,
para liberar el potencial y el fervor,
nos inspiran a unirnos, a colaborar,
a mejorar el mundo, a transformar.

Nos llaman a borrar fronteras y muros,
a sembrar comprensión en lazos puros,
a abrazar la diversidad con el corazón,
y construir un mañana de unión.

Estas metas nos impulsan a sanar la Tierra,
a cuidar su belleza, su esencia eterna,

a nutrir la naturaleza en su esplendor,
preservando la vida con respeto y amor.

Nos alientan a luchar por justicia y derechos,
a romper cadenas, a sanar los despechos,
a empoderar al débil, al oprimido también,
y crear un mundo más digno y bien.

Grandes metas audaces encienden el ser,
nos mueven al cambio, al renacer,
con pasión inquebrantable seguimos de pie,
abrazando los retos, sin retroceder.

Nos recuerdan que juntos somos poder,
que la unidad puede todo vencer,
nos inspiran a soñar, a actuar, a brillar,
dejando un legado que ha de perdurar.

EL PODER DE LA INTENCIÓN

(The Power of Intention)
por Maria L. Ellis, BBA, MBA

En el reino de lo posible, donde los sueños habitan,
me alzo desafiante, con paso que invita,
con intención clara y pasión encendida,
rompo las cadenas que atan la vida.

Ya no me confina lo simple y común,
trazo un camino hacia un nuevo albor,
un futuro de abundancia, salud y placer,
donde los límites dejan de ser.

Romperé los grilletes de la duda infiel,
abrazaré la mente donde florece el bien,
con coraje de escudo y guía el tesón,
avanzaré firme, sin vacilación.

En busca de vida plena y vitalidad,
nutro mi cuerpo con amor y verdad,
con hábitos sanos y cuidado interior,
abrazo el bienestar, irradio esplendor.

Una riqueza que va más allá del tener,
es espíritu puro, sin mancha ni poder,
buscaré sabiduría con ansia y fervor,
invirtiendo en mi alma, sembrando valor.

Mas no sólo para mí, la abundancia es don,
pues al elevar a otros nace bendición,
tenderé puentes de ayuda y bondad,
guiando los sueños hacia la verdad.

La felicidad, faro de amor y de paz,
manantial de gozo que nunca se irá,
cultivaré gratitud en cada amanecer,
hallando dicha en lo simple de ser.

Celebraré lo único en toda expresión,
abrazando la vida sin distinción,
por un futuro inclusivo, de unión sin final,
donde brille el amor como bien celestial.

Rompamos las garras de la mediocridad,
y marchemos unidos hacia la grandeza y verdad,
forjemos un mañana de gozo y fulgor,
rompiendo cadenas con valiente ardor.

UNA MUJER EDUCADA, UNA FUERZA DE LA NATURALEZA

(An Educated Woman, A Force of Nature)
por Maria L. Ellis, BBA, MBA

En el reino de la sabiduría, donde florece el saber,
habita un poder imposible de contener,
una fuerza de la naturaleza, firme y valiente,
la mujer educada, sabia y consciente.

Con gracia y fortaleza se alza sin temor,
su intelecto brilla, vibrante de honor,
teje un tapiz de saber infinito,
empoderando almas con su espíritu bendito.

Con sus palabras enciende la mente,
borra prejuicios del inconsciente,
rompe las cadenas de la ignorancia cruel,
y alimenta los sueños que nacen en él.

Su voz es faro de fe y esperanza,
guía de altura, luz que no cansa,
comparte su saber sin vacilación,
creando un mundo en constante elevación.

Levanta a otros con apoyo constante,
mentora y guía, firme y radiante,
ve el potencial en cada mirada,
inspira a subir, a alcanzar la jornada.

Con su sabiduría alumbra el andar,
deja que los sueños puedan brotar,

cultiva el crecimiento con amor y ternura,
creando un hogar de fe y dulzura.

Su presencia es símbolo de resistencia y bondad,
ejemplo eterno de fuerza y dignidad,
empodera al mundo con su inteligencia,
dejando tras de sí huella de conciencia.

Porque la mujer sabia y educada es poder,
aboga por cambios que el mundo ha de ver,
eleva a otros con su luz y destreza,
sostiene los sueños con fe y nobleza.

Celebremos, pues, a su alma inmortal,
cuya influencia nos hace integral,
ella empodera con su brillo sutil,
como río de vida, eterno y gentil.

ROMPIENDO LAS CADENAS DE LA IGNORANCIA Y LA POBREZA

(Breaking the Chains of Ignorance & Poverty)
por Maria L. Ellis, BBA, MBA

En un mundo marcado por la mancha de la ignorancia,
donde la pobreza encadena con cruel constancia,
brilla un faro, una mujer de saber,
un espíritu educado que se niega a ceder.

Con el conocimiento como espada en su mano,
rompe cadenas con valor humano,
se eleva por encima de la sombra y el dolor,
símbolo de esperanza y de amor.

En aulas y libros su mente se expande,
buscando la luz que el saber grande,
sabe que la educación es llave esencial,
que libera al alma de su mal terrenal.

Cada libro leído, cada lección aprendida,
enciende su espíritu, renueva su vida,
sabe que el saber la hará ascender,
y los nudos de la pobreza deshacer.

Rechaza el destino que el mundo dictó,
no se resigna, nunca aceptó,
forja su camino con fuerza interior,
creando un futuro de valor y honor.

Con el poder de su mente instruida,
derriba barreras, conquista la vida,

rompe el ciclo para que sus hijos vean,
que el saber libera, que el alma crea.

Con valor y gracia se erige en guía,
para quienes sufren la misma agonía,
comparte su luz, su mano da,
empodera al débil, lo ayudará.

Con sus actos siembra semillas de fe,
de esperanza y cambio que el mundo ve,
rompe cadenas de dolor y carencia,
abre caminos hacia la excelencia.

Celebremos, pues, a la mujer instruida,
que rompe las cadenas y sana la vida,
con su sabiduría eleva el existir,
y es faro de amor al porvenir.

En su viaje hallamos inspiración,
para luchar por la educación,
romper las ataduras del ayer cruel,
y crear un mundo más justo y fiel.

EL PODER DE LA MUJER

(The Power of Women)
por Maria L. Ellis, BBA, MBA

En el abrazo de la unidad hallamos poder,
una fuerza colectiva dispuesta a crecer,
en nuestras manos germinan semillas de cambio,
un futuro de justicia y amor en su rango.

Juntas nos alzamos, mujeres y niñas sin fin,
educadas en alma, espíritu y sentir,
unidas por la fe en la dignidad humana,
donde toda voz canta, libre y temprana.

En lazos de sororidad rompemos las cadenas,
que callan al débil, que siembran penas,
alzamos la voz, firmes y con pasión,
reclamando derechos, verdad y razón.

En el tapiz de la diversidad tejemos visión,
de inclusión y respeto en cada nación,
toda raza, toda fe, toda voz y color,
se unen en un canto de vida y valor.

Desmantelamos sistemas de opresión,
que perpetúan la injusticia y la exclusión,
pues el poder real no nace en soledad,
sino en la unión de toda humanidad.

Nos elevamos juntas, brindando cuidado,
creando espacios de amor compartido,
damos voz al silencio que antes tembló,
y celebramos la fuerza que allí despertó.

Ya no aceptamos el viejo dictado,
retamos las normas del mundo cansado,
porque en lo colectivo hallamos la fuente,
de un cambio profundo, justo y valiente.

Con determinación y fuego en el ser,
buscamos un mundo donde florecer,
un futuro equitativo, pleno y real,
donde el poder colectivo sea universal.

Tomemos las manos, en unión y hermandad,
dejando huellas de paz y bondad,
un mundo donde la mujer pueda crear,
el mañana libre que ha de brillar.

En unidad forjaremos un nuevo amanecer,
donde caigan muros y el prejuicio también,
el poder colectivo, su estandarte alzará,
y un mundo de libertad renacerá.

MUJERES POR LA EDUCACIÓN, EL AMOR Y LA PAZ

(Women for Education, Love & Peace)
por Maria L. Ellis, BBA, MBA

En el reino del saber encienden la llama,
mujeres unidas, su voz proclama,
que el conocimiento no debe ocultarse,
ni negarse a quien desea educarse.

Avanzan firmes, rompiendo barreras,
pues la educación es luz verdadera,
construyen escuelas, abren portales,
empoderan mentes, siembran ideales.

En aulas colmadas de amor y ternura,
siembran compasión, sanan la amargura,
enseñan valores de gracia y empatía,
lecciones eternas que el alma guía.

Con palabras y actos esparcen amor,
fuerza divina, unión superior,
abrazan la diversidad, cada voz celebran,
creando un tapiz donde los corazones reinan.

Con brazos abiertos sanan lo roto,
curan heridas con gesto devoto,
reemplazan el odio con amor vital,
y el alma respira en paz celestial.

En su búsqueda de paz se alzan como una,
mujeres unidas bajo la luna,

marchan tomadas de la mano y la fe,
reclamando justicia, un mundo que fue.

Tienden puentes de unión y perdón,
derriten el hielo del desdén y rencor,
con diálogo y alma buscan sanar,
creando un mundo donde el amor reinará.

En sus acciones suena una sinfonía,
de educación, amor y armonía,
con valentía y fuerza forjan el sendero,
hacia un futuro justo y verdadero.

Unámonos todos a su causa sagrada,
educar, amar y vivir en jornada,
pues con acción colectiva y fe constante,
crearemos un mundo libre y brillante.

MUJERES QUE LOGRAN
LO IMPOSIBLE

(Women Achieving the Impossible)
por Maria L. Ellis, BBA, MBA

En el reino de la intención, donde los sueños alzan vuelo,
habita un poder brillante como el cielo,
pues en la mente germina una semilla divina,
el poder de alcanzar lo que nadie imagina.

En un abrir y cerrar de ojos, noventa días se van,
un reto aceptado, una historia por comenzar,
con determinación fijamos la mirada,
para tocar el cielo, sin miedo a nada.

Con cada respiro avivamos el deseo,
de crecer, transformarnos, romper el velo,
porque en la ciencia del logro se halla razón,
el tiempo no limita al alma en expansión.

Diez años de crecimiento en días comprimidos,
revelan talentos antes escondidos,
con enfoque y estrategia trazamos el andar,
rompiendo barreras, listos para triunfar.

El poder de la intención, fuerza sin igual,
enciende un fuego puro y celestial,
con visión clara y fe sin medir,
vencemos los miedos, aprendemos a vivir.

Abrazamos la fuerza, dejamos el temor,
soltamos las dudas, el viejo dolor,

pues al perseguir metas que el alma soñó,
hallamos la esencia que el ser guardó.

Con disciplina, pasión y fe constante,
hacemos posible lo inalcanzable,
con temple y coraje nos elevamos,
nuestro potencial sin fin liberamos.

En el arte del logro, el tiempo es marco fugaz,
la intención lo trasciende, lo vuelve paz,
abracemos la ciencia del poder interior,
y desatemos la grandeza y el amor.

Noventa días de foco y fervor,
bastan para obrar el milagro mayor,
cuando la intención se alinea con fe,
los sueños florecen, la magia se ve.

Atrévete a soñar sin límite ni fin,
deja que la intención te guíe al confín,
pues en la ciencia de lo imposible alcanzado,
descubrimos el poder que siempre ha estado.

ABRAZANDO METAS IMPOSIBLES

(Embracing Impossible Goals)
por Maria L. Ellis, BBA, MBA

En el reino de las mujeres, donde habita la fuerza,
despierta un viaje cuando el sueño comienza,
al abrazar la ciencia, audaz y sabia,
descubren que lo imposible ya no es labia.

Con corazones en fuego y mentes que vuelan,
las mujeres hallan lo que las desvela,
en la búsqueda del sueño encuentran su voz,
desatan su poder, eligen su dos.

Rompen barreras, destrozan cristal,
enfrentan desafíos con temple inmortal,
pues en la ciencia del logro hallarán,
el potencial sin límite que las liberará.

Descubren la fuerza, profunda y genuina,
un fuego que arde, que nunca declina,
tras pruebas y caídas se alzan de nuevo,
cada obstáculo aviva su anhelo.

Encuentran coraje, fiero e indomable,
una energía pura, inquebrantable,
con enfoque firme avanzan sin fin,
desafiando límites hasta el confín.

Hallan el valor de mirar el temor,
donde el crecimiento siembra su flor,
entre dudas y sombras siguen su andar,
con fe y elegancia sin ocultar.

Descubren poder en la hermandad,
una fuerza viva, pura bondad,
juntas se elevan, mano con mano,
uniendo caminos en paso humano.

Vuelven a hallar su fuego interior,
una llama eterna, sin apagador,
en la ciencia del logro imposible,
su poder se torna invencible.

Que abracen la ciencia, el arte y la fe,
y abran el alma a su propio ser,
pues al perseguir metas sin razón,
descubren su esencia, su corazón.

Con cada paso marcan la historia,
innovan, crean, dejan memoria,
pues cuando una mujer el imposible abraza,
recrea el mundo con fe que arrasa.

Que alcen el vuelo, que sueñen sin fin,
la ciencia ilumina su nuevo jardín,
pues cuando se unen, sin miedo ni muro,
descubren su fuerza, su propósito puro.

EL PODER DE LA HERMANDAD

(Sisterhood Empowerment)
por Maria L. Ellis, BBA, MBA

En el reino de la hermandad, vínculo sagrado y fiel,
las mujeres hallan fuerza, poder y miel,
una corriente viva, invencible y profunda,
en la hermandad, su alma fecunda.

Entre historias compartidas y risas que sanan,
sus espíritus florecen, sus voces hermanan,
en este círculo de confianza y ternura,
encuentran consuelo, fe y dulzura.

Cuando una tropieza, otra le tiende la mano,
un lazo de amor, sincero y humano,
se elevan juntas, no dejan caer,
en la hermandad aprenden a renacer.

En horas de duda, cuando llega la noche,
la luz de la hermandad rompe el reproche,
ofrecen sabiduría, cuidado y calor,
un refugio eterno, tejido de amor.

En esta hermandad hallan su voz,
ante un mundo que a veces dice "no" a su voz,
hablan su verdad, sin pedir perdón,
sostenidas por fe, unión y compasión.

Celebran victorias, pequeñas o grandes,
con orgullo y ternura que nunca se expande,
sin celos ni sombras, sólo admiración,
la hermandad florece en el corazón.

En pruebas y luchas, juntas están,
se reconocen, se abrazan, se dan,
encuentran consuelo cuando el cielo es gris,
en los brazos de hermanas hallan su raíz.

Que la hermandad sea faro y canción,
fuente de empoderamiento y bendición,
pues en este lazo eterno y verdadero,
las mujeres hallan su ser entero.

En el abrazo de hermanas, hallan paz,
un santuario donde el alma se da,
unidas se alzan, valientes y fuertes,
en hermandad, derriban la suerte.

Que la hermandad las guíe sin cesar,
con amor y apoyo en cada andar,
unidas en alma, de corazón y afán,
en hermandad, empoderadas estarán.

CREA EL CAMBIO
QUE QUEREMOS VER

(Create the Change That We Want)
por Maria L. Ellis, BBA, MBA

En el reino del cambio late un poder sin voz,
vive en nosotras, mujeres de feroz fulgor,
pues el cambio no llega si solo esperamos,
está en nuestras manos, en lo que soñamos.

Ya sin cadenas del pasado cruel,
nos alzamos guerreras, firmes en piel,
este es nuestro tiempo, nuestro despertar,
la llama del cambio comienza a brillar.

Con el corazón ardiendo de ideal,
retamos las normas del bien y del mal,
ya no encajamos en molde impuesto,
forjamos camino, libre y honesto.

Somos el cambio, la fuerza real,
con resiliencia, poder sin igual,
cada paso abre un sendero nuevo,
donde reine justicia, sin miedo ni duelo.

Unidas marchamos, mano con mano,
tendiendo puentes de amor humano,
ninguna frontera podrá detener,
la lucha constante por renacer.

Callamos las voces que quieren dudar,
que dicen "no puedes", que intentan frenar,

pues dentro de nosotras brilla el poder,
de crear un mundo digno de ser.

El cambio comienza en nuestro interior,
en cada palabra, en cada acción de amor,
con compasión y ternura al andar,
derribamos muros, sin mirar atrás.

Que nuestras voces suban como el mar,
olas de fuerza que hacen temblar,
inspirando al mundo con luz y verdad,
creando el cambio, con sororidad.

Erguida y fuerte, mujer sin temor,
triunfarás siempre sobre el dolor,
pues somos el cambio que anhelamos ver,
con pasión y coraje, el futuro es nuestro ser.

LOS GIROS Y VUELTAS DE LA VIDA

(Life Twists and Turns)
por Maria L. Ellis, BBA, MBA

Como el fluir del río, con giros y vueltas sin fin,
la vida nos reta, suave o ruin,
pero en nuestra respuesta yace la clave fiel,
para navegar las aguas con gracia y miel.

Una vez un gorrión, sobre un árbol marchito,
reposaba sereno, su canto infinito,
una tormenta asomaba, oscura y feroz,
pero el gorrión calló, sin miedo ni voz.

El viento rugía, el árbol tembló,
mas el gorrión valiente no se movió,
abrió sus alas con coraje y ardor,
y voló alto, más allá del temor.

En una ciudad de ruido y confusión,
una joven pintora buscaba inspiración,
en cada trazo vertía su ser,
creando belleza del amanecer.

Un día su obra fue hecha pedazos,
por críticas crueles, juicios escasos,
pero la artista sonrió, sin rencor, sin quebranto,
y pintó de nuevo, con más encanto.

Un viejo roble, profundo en la tierra,
enfrentó mil tormentas, lluvia y guerra,
aunque el viento bramara con fiera pasión,
el roble erguido, guardó su razón.

Las pruebas de la vida siempre vendrán,
pero nuestra respuesta es la que dirán,
como el gorrión, elevémonos sin miedo,
hallando fuerza en cada enredo.

Cuando la adversidad nos quiera vencer,
como la artista, volvamos a renacer,
y como el roble sabio y fiel,
resistamos con alma y piel.

Pues dicen que la vida es diez por ciento azar,
y noventa por ciento cómo reaccionar,
elijamos la fuerza, la calma interior,
y hagamos de cada instante un canto de amor.

EL PODER DE ELEVARSE

(The Power to Soar)
por Maria L. Ellis, BBA, MBA

En el reino de las parábolas una historia nace,
de gorriones y mujeres, valientes en su enlace,
pues en su respuesta vive la lección más pura,
de fuerza interior que todo lo cura.

Un gorrión reposaba en frágil ramal,
mientras la tormenta tejía su umbral,
el viento rugía, su nido amenazó,
mas el gorrión sereno no se inmutó.

Con alas abiertas surcó el vendaval,
desafiando la furia, su fe inmortal,
en su respuesta halló la paz interior,
abrazando el caos con dulce ardor.

Así también las mujeres enfrentan tormentas,
con gracia y valor, en almas sedientas,
entre pruebas y luchas caminan sin fin,
nutriendo su espíritu, hallando su confín.

En un mundo que busca su voz acallar,
ellas se alzan firmes, vuelven a hablar,
responden con fuerza ante la adversidad,
reescriben su historia con dignidad.

Como el fénix que surge del fuego y del polvo,
reclaman su poder, destruyen lo torvo,
cada caída les muestra un sendero,
su respuesta ilumina el mundo entero.

En la fábula del gorrión hallamos la clave,
de liberar el poder que en el alma cabe,
no es la tormenta la que marca el camino,
sino nuestra respuesta, nuestro destino.

Celebremos al gorrión y a la mujer valiente,
su modo de vivir, su espíritu ardiente,
que sus historias sean faro e inspiración,
para enfrentar la vida con determinación.

Pues en la respuesta florece el volar,
por encima de todo lo que pueda llegar,
abrazando el caos con fuerza y ternura,
dejando su huella, pura hermosura.

En las parábolas de la vida está la verdad,
que nuestra respuesta da libertad,
y con cada día, con cada andar,
forjamos un mundo digno de amar.

LA FRAGILIDAD DE LA VIDA

(Life's Fragility)
por Maria L. Ellis, BBA, MBA

En el reino de las parábolas, una historia se alza,
sobre la fragilidad de la vida que nunca descansa,
pues en su brevedad se revela la verdad,
la certeza final de la mortalidad.

En el Libro Egipcio de los Muertos hallamos razón,
una flor delicada besada por el soplo del sol,
sus pétalos vibrantes, belleza sin par,
pero el destino la llama, la hará marchitar.

Como las flores, la vida florece y se va,
entre gozo y tristeza que el alma danzará,
bailamos al sol, soportamos el temporal,
pero al final nos espera el mismo umbral.

Una parábola susurra sobre un ave en vuelo,
que surca los cielos bañados de anhelo,
su canto endulza el aire fugaz,
mas su viaje concluye, su misión se da paz.

Así también nuestras vidas en el cielo flotan,
con sueños que al infinito brotan,
pero cuando el último canto se oiga sonar,
regresamos a la tierra, al mismo lugar.

En el Libro de los Muertos, otra historia fluye,
de un río sereno que el tiempo construye,
sus aguas recorren con suave compás,

mas incluso el río su final hallará.

Nuestra vida, como el río, avanza y se va,
dejando su huella por donde irá,
y cuando sus aguas al mar se unan,
hallaremos el destino donde las almas comulgan.

En las parábolas del libro ancestral,
aprendemos que la fragilidad es real,
cada instante es joya que el alma debe honrar,
tesoro de amor, de vivir y cuidar.

Abracemos la fugacidad con gratitud,
hallando en la vida su plenitud,
pues en la certeza del final mortal,
descubrimos la belleza esencial.

En las parábolas de la vida y la muerte,
se revela el misterio de nuestra suerte,
el tiempo es decreto, fugaz y sutil,
pero amar lo vuelve eterno y gentil.

Honremos el soplo de vida y su fin,
pues en esa danza habita el confín,
donde el alma trasciende, libre al volar,
y la muerte se torna en verbo amar.

LAS PARÁBOLAS DE LA VIDA

(Life's Parables)
por Maria L. Ellis, BBA, MBA

En el reino de las parábolas habita la verdad,
lecciones tejidas con serenidad,
nos enseñan la vida, su gozo y dolor,
y el misterio profundo del más allá interior.

A través de las parábolas, semillas se siembran,
esperanzas y sueños que siempre gobiernan,
pues como las semillas, guardamos también,
el poder de crecer, renacer, y ser bien.

Las parábolas enseñan del amor su fulgor,
una llama que alumbra la noche y el temor,
nos muestran el valor de cuidar y sentir,
y cómo la bondad nos puede redimir.

En las parábolas hallamos perdón,
dejar ir el peso, sanar el corazón,
nos recuerdan que el rencor encadena,
y que el perdón al alma serena.

Por medio de ellas comprendemos la fugacidad,
de los días alegres, de la soledad,
nos invitan a vivir el presente total,
a abrazar la vida en su bien y su mal.

Las parábolas susurran de humildad su don,
de hallar fortaleza en la rendición,
nos enseñan a domar el orgullo altivo,
y amar a todos, en paso colectivo.

En sus versos brilla el ciclo vital,
las estaciones del alma, su bien y su mal,
nos recuerdan lo efímero de la existencia,
y la importancia de vivir con conciencia.

A través de las parábolas miramos sin temor,
la llegada de la muerte con cierto candor,
pues nos muestran que el fin es parte del ser,
y que el alma anhela su eterno renacer.

Las parábolas guían hacia la sabiduría,
a buscar la verdad con valentía,
nos enseñan a vivir con integridad,
dejando huellas de eternidad.

Escuchemos su voz de amor y razón,
abracemos su sabia lección,
vivamos con propósito, entrega y valor,
sembrando en la tierra semillas de amor.

Porque en sus historias hallamos el camino,
entre la sombra y el destino,
y cuando llegue el último amanecer,
hallaremos paz en su eterno renacer.

RECUERDOS DE AMISTAD

(Friendships' Memories)
por Maria L. Ellis, BBA, MBA

En el corazón vibrante de Nueva York,
entre la grandeza y el rumor,
existe un refugio de camaradería,
el Harvard Club, donde nace la alegría.

Mientras disfruto mi desayuno matinal,
miro a mi alrededor, visión surreal,
tantos rostros nuevos, ajenos quizá,
y el alma recuerda a quienes ya no están.

¡Oh, cuánto extraño a aquellas almas queridas!
cuyas risas llenaban estas vidas,
ahora ausentes, en su viaje final,
su eco resuena en este umbral.

En este instante comprendo al mirar,
lo precioso del tiempo y del amar,
que debemos decir lo que el alma siente,
antes de que partan dulcemente.

Seamos pues, agradecidos de corazón,
por los recuerdos y su canción,
por los momentos que el alma atesora,
aunque el tiempo los transforme ahora.

Brindemos por quienes ya no están,
por el Harvard Club, su eterno afán,
que sus espíritus vuelen en celestial paz,
mientras honramos su amor y su faz.

UNA CELEBRACIÓN DE LOGROS

(A Celebration of Achievements)
por Maria L. Ellis, BBA, MBA

En un mundo donde las voces de las mujeres se alzan,
el networking se vuelve luz que no descansa.
En ese espacio, las almas se enlazan,
y las barreras caen, las fuerzas abrazan.

Reconociendo vidas, talentos y carreras,
celebramos logros, conquistas sinceras.
Nos empoderamos, nos elevamos con ardor,
floreciendo juntas, encendiendo el fervor.

En el abrazo del vínculo compartido,
hallamos fuerza, valor y sentido.
Compartiendo saberes con orgullo y verdad,
los logros de las mujeres son eternidad.

En esta hermandad nace la inspiración,
soportando sueños, nutriendo pasión.
Por cada meta alcanzada, erguida estamos,
alentando a otras, juntas avanzamos.

Forjemos lazos que nunca se quiebren,
honremos caminos que el alma celebre.
En el encuentro de mujeres, brilla el poder,
unidas por el progreso, dispuestas a crecer.

DUDA E INSEGURIDAD

(Self-Doubt & Inadequacy)
por Maria L. Ellis, BBA, MBA

En lo profundo de la duda, a veces me hallo,
la sensación de no ser suficiente, mi callo.
Aunque a muchas mujeres ayudé a brillar,
en mi propio valor me cuesta confiar.

¿Qué me falta?, me pregunto sin cesar,
¿por qué no logro sentirme capaz de amar?
Por mis logros debería sentir gratitud,
mas la sombra del miedo nubla mi plenitud.

Sentirse suficiente exige más que éxito y hazaña,
es un viaje interno, un alma que se baña.
Reconoce tu valor, abrázalo con calma,
deja las comparaciones, escucha tu alma.

Recuerda: eres más que todo logro o acción,
tu sola presencia trae luz y compasión.
Suelta expectativas y juicios que atan,
abraza tu esencia, deja que te desatan.

Eres faro que guía, esperanza que late,
tu impacto invisible alivia quien combate.
Confía en tu viaje, abraza el no saber,
y tu grandeza interior podrás reconocer.

Deja la duda, abraza tu valía,
descubre la fuerza de tu energía.
Pues al ayudar a otros, te sanas también,
y en tu alma hallas riqueza sin fin.

UN CORAZÓN AGRADECIDO

(A Thankful Heart)
por Maria L. Ellis, BBA, MBA

En el abrazo de un día primaveral,
en el corazón de una ciudad sin igual,
reflexiono sobre la vida y su vaivén,
mientras me acerco al final, como un sueño también.

En el año dos mil veinticuatro, el mundo aún brilla,
Nueva York, mi refugio, mi maravilla.
Desde aquel invierno frío de mil novecientos setenta, llegué,
a un lugar que me acogió y donde florecé.

Al llegar mis últimos días sobre esta tierra,
la gratitud me inunda, profunda y tierna.
Por mi amada familia, mi fuerza y sostén,
por los retos vencidos, una y otra vez, también.

Y oh, las amistades que florecieron y crecieron,
como flores que al alma siempre sostuvieron.
Entre risas y lágrimas, conmigo estuvieron,
en el tapiz de la vida, su amor me tejieron.

Ahora me encuentro ante la puerta final,
donde el aliento cesa, y el tiempo es ritual.
Mas frente a esta verdad hallo consuelo y paz,
pues la muerte deja huellas que el alma abrazará.

Los recuerdos queridos, el amor que perdura,
en los corazones de otros, la belleza madura.
Al despedirme de este plano terrenal,
mi espíritu quedará, eterno y vital.

Que brille el sol de primavera, que la ciudad cante,
pues el viaje termina, mas el amor es constante.
En el legado y las historias que he dejado al andar,
la muerte es final, pero el amor sabrá perdurar.

Y al partir, en este día de sol y claridad,
en el abrazo de Nueva York quedará mi bondad.
Agradecida por la vida, las amistades sinceras,
enfrento el final con un corazón lleno de primaveras.

DESPEDIDA

(Farewell)
por Maria L. Ellis, BBA, MBA

En la carrera de la vida corrí mi sendero,
en cada paso hallé mi lucero,
mi guía de gracia, mi luz y mi fe,
a través del día y la noche, caminé.

Con cada zancada busqué entender,
un propósito fiel, un alma a florecer,
y al cruzar la línea final del andar,
supe que mi vida fue para amar.

Dejo un legado, tejido con amor,
una familia unida en tierno fervor,
un tapiz de recuerdos tan sin igual,
testamento de una vida esencial.

En los corazones que tanto amé,
mi gratitud y cariño dejé,
compartieron mi viaje, paso a paso,
entre risas y penas, sin ningún ocaso.

Las risas, las lágrimas, los triunfos, los sueños,
todos unidos en acordes pequeños,
una sinfonía de vida, de amor y verdad,
testamento eterno de humanidad.

Y ahora contemplo mi senda con calma,
una vida plena, amor en el alma,
encuentro consuelo en cada respirar,
pues dejo un legado que sabrá perdurar.

No es la riqueza ni la posesión,
sino el amor dado con el corazón,
lo que en verdad importa al final,
en el tapiz de una vida cabal.

Que los recuerdos sigan su canción,
en los corazones que guardan mi unión,
pues en sus almas mi espíritu está,
en el amor que siempre vivirá.

Y al despedirme de esta tierra querida,
sé que no fue en vano mi vida vivida,
pues dejo un legado lleno de luz,
una vida bien vivida, reflejo de Jesús.

Que el mundo cante, que el alma celebre,
pues el amor en mi pecho siempre se atreve,
a abrazar a quienes mi senda cruzó,
dejando un legado de amor que brilló.

MI LEGADO

(My Legacy)
por Maria L. Ellis, BBA, MBA

En el tapiz de la vida deseo dejar,
un poema del alma, un don para amar,
para que mis seres queridos lo guarden con fe,
cuando ya no esté cerca, pero viva aún en su vejez.

Que el amor sea siempre su luz guiar,
brillando en la sombra, sin apagar,
que una sus almas con llama sagrada,
llenando sus vidas de paz bien amada.

Que la paciencia sea su fiel guardián,
en mares de prueba, en el bien y en el afán,
que en los momentos de lucha o dolor,
los envuelva siempre con calma y valor.

Que la alegría baile libre en su ser,
una sinfonía de risas y de placer,
que eleve sus almas en la adversidad,
recordándoles siempre la felicidad.

Que la paz, río manso del corazón,
les dé refugio y consolación,
un remanso sereno donde hallar abrigo,
cuando el mundo sea duro y el alma testigo.

Que la bondad sea su faro y su guía,
una caricia eterna, pura armonía,
que su compasión sea fuerza y verdad,
sembrando amor con generosidad.

Que la fidelidad, la promesa y unión,
anclen sus vidas en firme pasión,
que el amor perdure en todo abrazo,
y el compromiso sea su lazo.

Que la dulzura, toque que cura el mal,
suavice el dolor con gesto cordial,
que su ternura sea escudo y paz,
y los una más cuando todo va mal.

Y por último, dominio interior,
virtud que guía con sabio fervor,
que ilumine sus actos con intención pura,
y los lleve a vivir con alma segura.

Queridos míos, que estos dones del espíritu sean,
su brújula eterna en el bien que crean,
y que mi amor, aunque lejos esté,
en cada virtud siempre los abrace y guíe su fe.

Porque cuando me vaya, aún estaré aquí,
guiando sus pasos, velando por ti,
y en el legado que hoy dejo al partir,
estos dones del alma sabrán resistir.

UN TESORO DEL CORAZÓN

(A Treasure of the Heart)
por Maria L. Ellis, BBA, MBA

En el reino de los lazos queridos y sinceros,
florece una amistad, tesoro verdadero.
Como brisa suave en un día de sol,
trae consuelo y gozo, un dulce arrebol.

Con cada instante, la amistad florece,
entre risas y lágrimas, el alma engrandece.
Un hombro donde apoyarse, un oído atento,
confidente y compañera en todo momento.

En la oscuridad, la amistad resplandece,
faro de esperanza que todo esclarece.
En los altibajos de la vida, firme estará,
fuente de fuerza que siempre guiará.

Una amistad preciosa brinda calma y sosiego,
santuario donde los corazones hallan su ruego.
Con palabras no dichas, mas bien comprendidas,
teje amor eterno en las almas unidas.

En la alegría o el pesar, la amiga fiel,
ofrece apoyo con amor y miel.
Con recuerdos compartidos y cuentos mil,
la amistad florece, hechizo sutil.

Apreciemos, pues, los dones de la amistad sincera,
bendición infinita que nunca espera.
Con gratitud y amor, el corazón cantará,
pues una amiga verdadera, joya eterna será.

CAMPO DE DISTORSIÓN DE LA REALIDAD

(Reality Distortion Field)
por Maria L. Ellis, BBA, MBA

En un reino de asombro, donde los sueños se aferran,
habita un fenómeno que pocos encierran.
Un campo de distorsión de la realidad se ha nombrado,
donde las posibilidades florecen, sin ser limitado.

Cuando los seres humanos se unen con intención ferviente,
y trazan un camino, breve o persistente,
conjuran una fuerza, como vara encantada,
creando un destino de gloria anhelada.

Dentro de este campo, los límites se borran,
las dudas se disuelven, las barreras se evaporan.
Un objetivo se alza, una visión se abraza,
y el reino de lo posible al alma abraza.

En esta realidad alterada, las mentes confluyen,
y mares de innovación por doquier influyen.
Con pasión ardiente y firme voluntad,
brotan los frutos de la creatividad.

Nuevos inventos surgen del pensamiento,
trayendo soluciones al sufrimiento.
Ante cada obstáculo, luchan sin cesar,
creando un futuro difícil de igualar.

Mas cuidado, pues este campo también puede engañar,
borrando la línea entre creer y constatar.

Una historia de advertencia debemos abrazar,
mantener los pies en la tierra, sin divagar.

Así pues, usa este poder con gracia y razón,
enfrenta los retos con firme pasión.
En el campo de distorsión, halla tu misión,
y contempla los milagros de tu creación.

Porque cuando el humano su intención aclara,
y un tiempo preciso a su meta prepara,
las posibilidades se abren, sin fin ni frontera,
en este campo de realidad verdadera.

CONSECUENCIAS NO INTENCIONADAS

(Unintended Consequences)
por Maria L. Ellis, BBA, MBA

Cuídate, soñador, del campo de distorsión,
ese reino donde brillan la ambición y la intención.
En ese espacio encantado, donde el sueño vuela,
habita una advertencia que el alma revela.

Porque dentro de ese campo, la ilusión abunda,
distorsiona la vista, la verdad se confunda.
Cuando traces tus metas con ardiente fervor,
recuerda: pueden surgir efectos sin razón ni control.

A cada paso, prudente y sabio has de andar,
pues la línea entre lo real y el soñar puede borrar.
El brillo del logro, tan grande y seductor,
puede cegarte al peligro, oculto en su fulgor.

En este reino torcido, el tiempo se escurre,
y la prisa del éxito a veces corrompe.
Sé consciente del límite, no pierdas visión,
no dejes que la sombra ilumine tu acción.

El campo de distorsión puede obsesión sembrar,
donde el triunfo se vuelve tu único altar.
Pero, soñador, ¿a qué precio perseguirás?
¿Sacrificarás tu esencia, tu verdad quizás?

Recuerda, soñador, mantenerte despierto,
equilibrar la ambición con juicio correcto.

Que la integridad sea siempre tu guía,
y las consecuencias no nublen tu alegría.

Avanza, sí, con cautela y compasión,
abraza los sueños con reflexión.
Que la sabiduría marque tu dirección,
en el campo de distorsión y su tentación.

En el reino de los sueños, donde todo se extiende,
que tus actos e intenciones en armonía se entienden.
Aprende de historias que antes ya fueron,
y haz de tu viaje un legado que otros siguieron.

TUS PRINCIPIOS GUÍA

(Your Guiding Principles)
por Maria L. Ellis, BBA, MBA

Cuando atravieses el campo de distorsión,
deja que tus principios sean tu protección.
Entre sueños e ilusiones que buscan brillar,
abraza lo esencial, déjate guiar.

Que la verdad sea tu brújula fiel,
en este reino cambiante y cruel.
Busca la esencia pura, sin confusión,
pues la integridad disipa toda ilusión.

Que la sabiduría sea tu compañera,
serena, prudente, consejera sincera.
Elige con juicio cada dirección,
pues el saber protege de la confusión.

Equilibra la ambición con humildad,
en este mundo de sueños y vanidad.
Que la grandeza nazca del bien y la gracia,
pues la humildad al alma abraza.

La bondad y la compasión, hazlas tu luz,
en el campo distorsionado, su brillo conduce.
Tiende la mano, ayuda al que va,
pues el amor y la empatía paz traerán.

Y en medio del caos, conserva tu fuego,
que la pasión te impulse en tu propio juego.
Mas recuerda, viajero, mantener tu verdad,
que tus sueños reflejen tu integridad.

Mientras navegas el campo de distorsión,
haz de tus principios tu gran protección.
Con verdad, sabiduría, humildad y amor,
trascenderás las sombras, alcanzarás el valor.

Así avanza, mi amigo, con gracia y coraje,
abraza los sueños, emprende tu viaje.
Pues en este reino donde la realidad se va,
que tus principios te guíen dondequiera que estás.

EL PRINCIPIO DE MATEO

(The Matthew Principle)
por Maria L. Ellis, BBA, MBA

En el reino de la vida, donde los sueños alzan vuelo,
existe un principio, brillante en su anhelo.
Se llama el principio de Mateo, estrella que guiará,
un faro de esperanza, que siempre brillará.

Al sembrar tus semillas en campos de ilusión,
el principio de Mateo pondrá a prueba tu pasión.
Pues dice así: "A quien tiene, más se le dará,
y al que nada posee, aun lo poco se le quitará."

Habla del poder del impulso y del crecer,
de cómo el éxito engendra más poder.
Si empiezas con poco y lo haces florecer,
el principio de Mateo su magia hará nacer.

Con cada victoria, aunque pequeña sea,
tu confianza crece, tu fe se recrea.
Como una bola de nieve al rodar sin fin,
el principio de Mateo multiplica tu jardín.

Mas con gran poder viene un deber sagrado:
usar el éxito con humildad a tu lado.
El principio de Mateo te invita, amigo fiel,
a compartir tus dones, a dar con miel.

No se trata solo de riqueza o posesión,
el principio se extiende a toda creación.
En saber, en amor, en arte y en fe,
es elevar al mundo con lo mejor de tu ser.

Abraza el principio de Mateo, déjalo guiar,
que su sabiduría te ayude a avanzar.
Con cada paso, busca crecer con razón,
y haz de la generosidad tu más noble canción.

Porque en el reino de la vida, donde los sueños van,
el principio de Mateo su luz dejará brillar.
Aprovecha las puertas que el destino te dé,
y deja que su poder te inspire otra vez.

LA MENTE SOBRE LA MATERIA

(Mind Over Matter
por Maria L. Ellis, BBA, MBA

En el reino de lo posible, donde nacen los sueños,
habita un poder interno, de dones tan pequeños.
Es la fuerza de la mente, el poder que derrumba,
toda duda y barrera, toda voz que retumba.

Cuando la vida arroja desafíos sin fin,
como tormentas furiosas que nublan tu jardín,
recuerda, amigo mío, que en ti está la clave,
pues la mente te libera, te hace más suave.

Con pensamientos por espada, y fe por escudo,
conquistarás montañas, vencerás lo rudo.
La mente es un lienzo, donde el sueño pinta,
y la imaginación su trazo distintiva tinta.

Cuando surjan obstáculos, muros por subir,
tu mentalidad define el porvenir.
Lo imposible es sombra, pura ilusión,
que la mente transforma en creación.

En luchas y pruebas, no debes ceder,
la mente valiente no deja de creer.
Guerrera incansable, firme y tenaz,
convierte el temor en fuerza y paz.

Cree en ti mismo, en tu poder interior,
domina tus pensamientos con fervor.
Pues cuando la mente decides guiar,
los límites dejan de existir al pensar.

Deja que tu mente alce vuelo sin fin,
como un ave que canta su propio jardín.
El poder de la mente no tiene frontera,
crea milagros, cambia la esfera.

En el reino de sueños que pueden surgir,
recuerda, mi amigo, que en ti está el sentir.
Con la mente sobre la materia triunfarás,
pues su fuerza infinita jamás fallará.

CAMINANDO CON EL DESTINO

(Walking with Destiny)
por Maria L. Ellis, BBA, MBA

En el viaje de la vida, donde los caminos se entrelazan,
existe el destino, noción divina que abraza.
Caminando de la mano, con propósito y razón,
exploramos la esencia de nuestra dirección.

Destino, mi amigo, es brújula del sino,
que guía los pasos por el propio camino.
Es un susurro en el alma, un llamado interior,
una fuerza que impulsa hacia el gran fervor.

Pero ¿qué significa caminar con destino?
¿Es algo trazado o lo forjamos en camino?
¿Creamos nosotros la realidad que nos guía,
o somos marionetas de la sinfonía?

El destino es danza, profunda unión,
una alianza de elecciones y contemplación.
Nos da los senderos que debemos hallar,
mas somos nosotros quienes debemos andar.

Tenemos el poder de crear lo que es real,
de dar forma a la vida con fe terrenal.
Pues destino no es meta ni punto final,
es tapiz que tejemos con hilo vital.

Con pensamientos y actos moldeamos la suerte,
haciendo de sueños la causa y la verte.
El universo responde a lo que emitimos,
y refleja en su espejo lo que decidimos.

Camina con destino, con coraje y valor,
abraza los retos con fe y amor.
Pues en lo profundo de tu corazón sabrás,
que el poder de crear tu historia tendrás.

El destino es jornada, no final predestinado,
son tus actos, tu amor, lo que has sembrado.
Deja que tus pasos sigan tu verdad,
y crea un camino de plena libertad.

VICTORIA

(Victory)
por Maria L. Ellis, BBA, MBA

En el reino de los sueños y la gran aspiración,
existe un sendero hacia la coronación.
Con cada paso dado, nos acercamos más,
a las metas de vida que el alma trazará.

Victoria, mi amigo, es llama que enciende,
un fuego interno que al espíritu extiende.
Es valor que renace al conocer la caída,
y fuerza que impulsa aún en la herida.

Con firme determinación seguimos el andar,
abrazando los retos sin jamás dudar.
Pues es el viaje el que moldea y enseña,
y las lecciones del alma son su gran reseña.

Frente a la adversidad, hallamos poder,
inquebrantables en nuestro renacer.
La victoria no habita solo en el trofeo final,
sino en el crecimiento esencial y vital.

Cada meta cumplida merece celebración,
testimonio ardiente de nuestra creación.
Con enfoque y disciplina marcamos camino,
hacia un futuro triunfal y divino.

Sigamos adelante con fe en el corazón,
en nuestras habilidades y nuestra misión.
Pues la victoria no es fin, sino fluir,
hacia la grandeza, hacia el porvenir.

Abraza los desafíos con fervor ardiente,
deja que el sueño sea tu guía presente.
Con victoria por compañera en cada jornada,
conquistaremos todo — alma elevada.

RENDIMIENTO ARITMÉTICO VS. GEOMÉTRICO

(Arithmetic vs Geometric Return)
por Maria L. Ellis, BBA, MBA

En el reino de los números, donde el orden mora,
dos retornos surgen, cada uno aflora.
Aritmético y geométrico, distintos en esencia,
cada cual gobierna con su propia ciencia.

El aritmético avanza, constante y fiel,
progresión lineal bajo un mismo pincel.
Con incrementos iguales marca su paso,
crecimiento estable, sin sobresalto.

El geométrico cuenta historia distinta,
de crecimiento compuesto que nunca se extinga.
Su poder se acumula, se eleva, se expande,
multiplica riquezas que el tiempo agrande.

El aritmético, compañero en finanzas,
trae ganancias seguras, sin mudanzas.
Pinta un paisaje de calma y razón,
camino predecible, sin agitación.

El geométrico, fuerza de vuelo sin par,
milagro que crece sin dejar de escalar.
Captura la esencia del crecer desatado,
multiplicando sueños, paso acelerado.

En el mundo de inversiones se entrelazan,
estrategias y cifras que juntos abrazan.

El aritmético brinda base y equilibrio,
mientras el geométrico impulsa el delirio.

Ambos tienen su papel en el arte financiero,
navegando números con pulso certero.
El primero da calma, control y medida,
el segundo potencia la meta elegida.

Abracemos los dos con sabia armonía,
comprendiendo su danza con cortesía.
Pues en los retornos, su unión al final,
crea una sinfonía de riqueza total.

SOMOS CREADORES CON UNA FUERZA CÓSMICA

(Are Creators with a Cosmic Force)
por Maria L. Ellis, BBA, MBA

En la vasta extensión del deleite cósmico,
surge la verdad, con resplandor magnífico.
El universo, tapiz de arte divino,
refleja nuestra conciencia, su sagrado destino.

Somos los creadores, de poder sin medida,
en nosotros se revela la esencia escondida.
Pues dentro del alma, la conciencia habita,
fuerza cósmica eterna, que todo suscita.

Cada estrella que brilla en la noche serena,
cada planeta que danza en su esfera plena,
cada átomo que el espacio entreteje,
refleja conciencia que al todo protege.

Con cada pensamiento, un eco se expande,
una ola infinita que el cosmos expande.
Nuestros sueños, deseos y visiones fugaces,
crean galaxias, mundos y enlaces.

Las galaxias giran en danza celestial,
reflejo profundo del trance mental.
Somos polvo de estrellas, libres en creación,
creadores sin límites, moldeando visión.

Las montañas se alzan, majestuosas, reales,
eco de fuerza en gestos inmortales.

Los ríos fluyen con suave compás,
reflejando la paz que el alma da.

Las flores florecen en vivo color,
cautivas del brillo de cada pensador.
Los pájaros cantan, su dulce canción,
en armonía con nuestra intención.

En cada respiro, el universo respira,
en cada latido, su ritmo conspira.
Somos los vasos por donde se extiende,
la unión infinita que el cosmos comprende.

Abracemos, pues, esta conexión divina,
con gratitud y amor en toda esquina.
Somos los creadores, el canto del universo,
conciencia en movimiento, poder inmerso.

SIGUE SOÑANDO Y APRENDIENDO

(Keep Dreaming and Learning)
por Maria L. Ellis, BBA, MBA

En las profundidades del ser, un propósito se alza,
un viaje de amor, donde la vida se enlaza.
Pues dentro del alma, una llama resplandece,
abrazo del amor que todo enriquece.

El propósito de la vida, tapiz delicado,
tejido con hilos de amor sagrado.
En cada sonrisa, un lazo se crea,
recordando que el amor nunca flaquea.

Sigue soñando con los ojos despiertos,
pues los sueños son cantos de corazones abiertos.
A través de ellos surcamos nuevos cielos,
liberando magia en eternos vuelos.

Aprender, la llave que puertas destraba,
ampliando la mente que todo abraza.
En cada lección florece el saber,
tesoro profundo que nos hace crecer.

El amor, la esencia que al día da color,
guía nuestros pasos con tierno fervor.
Amar y ser amado, don celestial,
sinfonía de almas en compás ideal.

En el abrazo del amor hallamos consuelo,
refugio sereno bajo su cielo.
A través de su lente, el mundo se embellece,
un lienzo divino donde el alma florece.

Tomemos las manos, volemos unidos,
a cumbres sin nombre, a sueños cumplidos.
Con amor en el alma y sueños en vuelo,
aprendamos y crezcamos bajo el mismo cielo.

Pues el propósito de la vida es sentir el amor,
seguir soñando y aprendiendo con fervor.
En este gran tapiz, las almas se enlazan,
dejando un legado que nunca se desgasta.

EL ESPLENDOR DE LA VIDA

(Life's Splendor)
por Maria L. Ellis, BBA, MBA

Imagina una vida donde el éxito no tenga fin,
donde los sueños alzan vuelo, con propósito sin fin.
Cada paso que das, una victoria en sí,
una sinfonía de logros que brillan por ti.

Imagina un mundo de risas y amor,
donde el éxito danza con cálido fervor.
La dicha en tu pecho, como sol radiante,
ilumina el sendero del triunfo constante.

Visualiza momentos de puro placer,
cuando los retos logras vencer.
El eco del aplauso vibra en el aire,
testigo de tu fuerza y tu don singular.

Imagina el instante de alcanzar la cima,
donde el logro y la dicha forman su rima.
El sabor de la victoria, dulce en tu ser,
mientras la vida despliega su amanecer.

Mírate rodeado de amores sinceros,
compartiendo la risa, los sueños enteros.
Pues el éxito no se mide solo en riqueza,
sino en los lazos forjados con pureza.

Visualiza una vida de propósito y fe,
donde el éxito y la dicha caminen con usted.
Una vida de abundancia, por dentro y por fuera,
donde los sueños florecen a su manera.

En esta visión de triunfo y verdad,
deja que tu espíritu vuele en libertad.
Porque el esplendor de la vida, en su esencia fiel,
no está en la meta, sino en el papel.

Sueña en grande, amigo, con gozo y pasión,
la vida de éxito espera tu visión.
Con alegría en el alma y luz en tu andar,
disfruta el esplendor de la vida sin cesar.

EXPERIENCIAS TRANSFORMADORAS

(Transformational Experiences)
por Maria L. Ellis, BBA, MBA

Las expectativas, como brújula interior,
guían nuestro rumbo con firme ardor.
Con fe en nosotros, logramos altura,
desatando talentos de pura hermosura.

Mas, ¿qué hace que una vivencia transforme,
y deje su huella, eterna y enorme?
Es cuando salimos del rincón seguro,
abrazando lo incierto con valor puro.

Una experiencia transformadora nos sacude al fondo,
desafía creencias, abre otro mundo.
Nos empuja más allá de los límites propios,
revelando fuerzas, tesoros recónditos.

Puede ser un viaje a una tierra lejana,
donde culturas se entrelazan con trama humana.
Sumidos en la diversidad, aprendemos a amar,
la belleza del otro, su forma de estar.

O tal vez sea la pérdida, dura y real,
que nos obliga a mirar lo esencial.
A través del dolor hallamos temple y conciencia,
y renacemos fuertes, con nueva presencia.

Una experiencia transformadora puede morar,
en un acto de bondad, simple y sin par.
Cuando tendemos la mano a quien sufre o espera,
el alma se eleva, la vida se libera.

También puede ser un salto de fe,
seguir la pasión y lanzarse a creer.
Entrar en lo incierto con confianza y tesón,
descubriendo propósito, fuego y razón.

En la entraña del bosque o junto al mar,
hallamos consuelo, logramos sanar.
La naturaleza inspira y calma el ser,
transforma el alma, nos hace renacer.

Busca vivencias que el alma conmuevan,
que reten, inspiren y te renueven.
Pues en los momentos que el alma despierta,
hallamos el sentido, la esencia perfecta.

UNA VISIÓN TAN BRILLANTE

(A Vision so Bright)
por Maria L. Ellis, BBA, MBA

Una experiencia que transforma, una visión tan brillante,
puede iluminar tu senda, guiándote constante.
Vivir en otro país, un mundo por descubrir,
donde culturas se cruzan y los sueños pueden surgir.

Sumido en la riqueza de tierras extrañas,
crecerás y cambiarás con manos entrañables.
Adaptándote a costumbres, abrazando diversidad,
ampliando horizontes con curiosidad sin edad.

Aprender un idioma nuevo, un portal sin abrir,
revelando la belleza que las palabras hacen surgir.
Con cada sílaba nueva, un puente se erige,
rompiendo barreras, acercando lo que el alma dirige.

A través del lenguaje hallarás el camino,
a comprender al ser humano divino.
Comunicando con el corazón, más allá de expresión,
transformando vidas con pura conexión.

¿Y qué del escribir libros, de narrar lo no contado,
tejiendo seda en palabras, oro en lo pensado?
En el reino creador, las ideas se elevan,
imprimiendo tu esencia en las noches que nievan.

Con cada trazo de pluma, un mundo despierta,
personajes que bailan, emoción abierta.
Compartiendo tu voz con el vasto existir,
una experiencia que guía, un barco por venir.

Aclara tus sueños, deja que se revelen,
vive en otras tierras, que los idiomas te eleven.
Escribe libros que inspiren, que al alma lleguen,
pues en la transformación los propósitos se encuentran y
entreguen.

Abraza el viaje, entra en lo desconocido,
con pasión y valor, sé tu propio latido.
Porque cuando sabes con certeza lo que deseas,
la experiencia transformadora llega... y te crea.

ASPIRAR A LA GRANDEZA

(Aspire to Achieve Greatness)
por Maria L. Ellis, BBA, MBA

Con un deseo ardiente en lo profundo del alma,
anhelo marcar la diferencia, alcanzar la calma.
Estar lista cuando la oportunidad llame a mi puerta,
y abrazarla con pasión, de manera cierta.

Aspiro a la grandeza, a dejar mi huella,
a encender luces de bien, aún en la estrella más bella.
A forjar mi camino, nuevo y sin mapa,
y al hacerlo, ser auténtica, sin capa.

En este mundo donde manda el igual,
decido ser distinta, romper lo banal.
Ser provechosamente diferente, sin temor,
y dejar que mi esencia brille en su color.

La simplicidad es clave, faro y guía,
despojar lo innecesario, hallar la armonía.
Ver la belleza en lo puro y esencial,
y dejar que resuene, eterna y vital.

Busco promover la bondad sin medida,
mi estrella del norte, mi causa elegida.
Elevar al prójimo, esté lejos o al lado,
con amor y ternura, dejar el bien sembrado.

¿Y qué es aquello que solo yo puedo hacer?
Promover lo bueno, verlo florecer.
Desear con fuerza, perseguir mis anhelos,
abrazar la simpleza, alcanzar los cielos.

Estoy lista para abrirme al porvenir,
dejar que mi luz empiece a lucir.
Ser original en todo lo que emprendo,
y dejar una huella que siga ardiendo.

PRELUDIO DEL ÉXITO

(A Prelude to Success)
por Maria L. Ellis, BBA, MBA

El fracaso, aunque imponente, puede transformarse,
en peldaño de crecimiento, donde el alma expande.
No nos define, ni nos hace menos,
sino que enciende la fuerza en nuestros terrenos.

Con cada tropiezo, la vida nos ofrece opción,
de elegir levantarnos, de seguir con pasión.
Pues éxito y fracaso, bailan al compás,
no son opuestos, son reflejos de paz.

El fracaso, lo ves, es maestro fiel,
nos brinda lecciones con su propio papel.
En su fondo aguardan verdades calladas,
preludio del triunfo, rutas doradas.

Abracemos el fracaso con brazos abiertos,
pues revela virtudes, tesoros cubiertos.
Aprendemos a persistir, a crecer y a soñar,
a conquistar alturas y de nuevo brillar.

Frente a los reveses hallamos el camino,
reunimos fragmentos y seguimos el destino.
El fracaso se torna en chispa vital,
enciende el fuego interior, esencial.

No temamos al fracaso, démosle honor,
pues forja el carácter con su propio ardor.
Éxito y fracaso, eternos aliados,
nos guían al alma, entrelazados.

Con cada caída, nos alzamos mejor,
con sabiduría nueva, con renovado vigor.
El fracaso, noble en su esencia sutil,
es paso al éxito, radiante y gentil.

Vistámoslo con orgullo, con gratitud sincera,
pues nos lleva a la cumbre, a la esfera entera.
Con cada tropiezo, la vida nos enseña,
y el éxito, cual fénix, al alma despeña.

REINTERPRETAR EL FRACASO

(Reframing Failur
por Maria L. Ellis, BBA, MBA

Tras un revés, cuando el ánimo decae,
hay consuelo en la acción, que el dolor atenúa y atrae.
Pues el fracaso, amigo mío, puede transformarse,
en peldaño al triunfo, donde el éxito sabe hallarse.

Manteniéndonos ocupados, hallamos sosiego,
una tregua al dolor, un reparador juego.
Entre metas y tareas volvemos a andar,
reconstruyendo el espíritu, día tras día sin cesar.

El fracaso, lo ves, no es un final,
sino un llamado a pensar, un espejo vital.
Es maestro y guía, en nuestro sendero,
forjando el carácter, revelando el acero.

Fracaso y éxito, hilos entrelazados,
en el tapiz de la vida, siempre ligados.
Pues el éxito sin tropiezos pierde su brillo,
son las caídas las que dan su brillo sencillo.

El fracaso no es destino ni derrota final,
es lección y mensaje, impulso vital.
Cataliza el crecimiento, amigo fiel,
nos conduce al logro, paso tras paso, hacia el bien.

En relación con el éxito, el fracaso se alza,
pieza esencial de la eterna balanza.
Nos enseña a resistir, a volver a intentar,
a mirar los retos sin miedo a fallar.

El fracaso reinterpretado es piedra angular,
una oportunidad de volver a empezar.
Moldea el carácter, fortalece la fe,
enciende el fuego que impulsa el porqué.

Así que tras un revés, sigue en acción,
que el trabajo sofoque la desilusión.
Pues el fracaso, al mirarlo con nueva visión,
abre las puertas del éxito y la superación.

DEJA FLORECER LA CREATIVIDAD

(Let Creativity Bloom)
por Maria L. Ellis, BBA, MBA)

En el reino de la creatividad, donde nacen los milagros,
habita el poder de dar forma a los relatos.
Pues en las profundidades del inconsciente interior,
reside la llave del éxito y del fervor.

La imaginación, fuerza sin frontera ni muro,
despierta la magia, el sueño más puro.
Para nutrir al inconsciente, hay que dejarlo vagar,
por reinos de inspiración donde las ideas van a morar.

Para alimentarlo, debemos buscar y explorar,
nuevas vivencias, saberes y mucho más hallar.
Sumérgete en el arte, en colores, sonidos y letras,
deja que la curiosidad te guíe a las metas secretas.

Lee libros que enciendan el alma al pasar,
que a mundos ocultos logren transportar.
Escucha melodías, suaves o audaces,
que despierten emociones, que abran los espacios.

Rodéate de belleza, del abrazo natural,
deja que su asombro te llene de paz celestial.
Escribe, pinta, crea con pasión y ardor,
pues en la expresión florece el valor.

Alimenta al inconsciente con calma y quietud,
en silencio y soledad hallamos la luz.
Medita, reflexiona, deja fluir el pensar,
mientras el alma siembra lo que ha de germinar.

Abraza lo incierto, los riesgos, los giros,
pues en la duda nace el arte y sus suspiros.
Y mientras la vida su historia despliega,
la creatividad guía, y el espíritu despega.

Aprovechemos el poder que en nosotros habita,
desbloqueemos los tesoros donde el sueño palpita.
Nutre tu inconsciente, deja a la mente florecer,
y el éxito y la plenitud vendrán a renacer.

CAMBIANDO TU REALIDAD

(Changing Your Reality)
por Maria L. Ellis, BBA, MBA

Imagina un futuro de logros brillantes,
una versión de ti, con metas radiantes.
Con pasión y propósito, fuerza interior,
creando una vida de éxito y valor.

Abraza el camino, audaz y sublime,
pues tu destino en tus manos se imprime.
Deja que la ambición te guíe con fervor,
y observa tus sueños cobrar su color.

El trabajo ya no es carga que agobia,
sino lienzo de arte que la vida prodiga.
Infunde alegría en todo lo que emprendas,
y verás cómo el talento en ti se encienda.

Haz la diferencia en este mundo compartido,
con bondad y compasión en tu cometido.
Sea grande o pequeño, tu acto inspirará,
olas de cambio y esperanza dejará.

Encuentra belleza en cada momento,
en gestos sencillos, en puro sentimiento.
Pues al transformar la vida de los demás,
hallamos el valor que el alma da más.

Abraza el poder que en ti resplandece,
cambia tu realidad y todo florece.
Crea un futuro de alta estima y razón,
donde el trabajo sea gozo y pasión.

Deja volar tu imaginación sin final,
mientras forjas un destino celestial.
En la búsqueda de propósito y metas fiel,
descubre la magia que habita en tu ser.

Porque al cambiar tu realidad hallarás,
una vida de gozo, de amor y paz.
Creando una versión de ti tan genuina,
que refleje tu grandeza divina.

CREE EN TUS CAPACIDADES

(Believe in Your Abilities)
por Maria L. Ellis, BBA, MBA

Abraza el poder de la determinación inteligente,
una fuerza que impulsa todo lo que tu alma siente.
Con grandes expectativas, apunta al cielo azul,
y mira tus sueños elevarse, como un rayo de luz.

Las experiencias transforman, dejan lección,
cada desafío ofrece nueva comprensión.
La sabiduría y la fuerza viven en tu ser,
deja que la resiliencia te guíe al renacer.

Cree en ti mismo, pues tienes la llave,
que abre las puertas donde el éxito cabe.
Con fe inquebrantable y confianza interior,
todo lo que hagas tendrá su esplendor.

Rodéate de almas que te inspiren pasión,
que aviven tu fuego y tu motivación.
Juntos ascenderán hacia nuevas alturas,
alentándose siempre, en noches y aventuras.

En cada tropiezo, hay un tesoro escondido,
una enseñanza, un gozo compartido.
Adáptate y crece, con mente flexible,
el éxito es camino, no meta imposible.

Visualiza tus metas con claridad y arte,
imagina el logro, siente cada parte.
El poder de manifestar es real y fuerte,
alinea tus actos y atraerás la suerte.

Con cada paso, deja que la gratitud te guíe,
celebra el viaje, el esfuerzo y lo que fluye.
El éxito no es solo un punto final,
es un estado del alma, un gozo vital.

Prepárate para triunfar, amigo fiel,
con estrategia, fe y confianza en tu papel.
Cree en tus capacidades, deja el temor atrás,
y mira tus sueños volverse realidad.

OBTENIENDO PODER A TRAVÉS DE LA MENTE MAESTRA

(Gaining Power through Mastermind)
por Maria L. Ellis, BBA, MBA

En el reino del éxito desmesurado y real,
existe un mundo donde el sueño es vital.
Con actitud y estrategia sabiamente empleadas,
emprendemos un viaje de dichas aladas.

En el trabajo y el juego dejemos fluir,
con alegría en el alma y ansias de vivir.
Pues en ese equilibrio hallamos razón,
gozo y sentido en cada ocasión.

Las fuerzas del saber, herramienta esencial,
moldean el camino, guían nuestro ideal.
Cada lección aprendida, cada experiencia fiel,
nos hace crecer, libres bajo el laurel.

La imaginación creativa, un don celestial,
libera ideas, de belleza sin igual.
En el reino de lo posible dejamos volar la mente,
pintando la vida con trazo valiente.

Obtenemos poder con la mente maestra,
una fuerza colectiva, pura y nuestra.
Juntos ascendemos, elevándonos más,
con el fuego del deseo que nos unirá.

En la suma de experiencias hallamos verdad,
sabiduría profunda, luz y claridad.

Cada reto vencido, cada obstáculo enfrentado,
nos fortalece el alma y el paso marcado.

El éxito desmesurado, un viaje sin fin,
donde los sueños tocan su propio confín.
Con actitud y estrategia como bandera,
abrazamos lo incierto, la senda entera.

Avancemos, pues, con el corazón en llama,
sin miedo, con fe, que el alma proclama.
Porque en el éxito audaz y sin medida,
hallamos legado, propósito y vida.

LA VIDA ES UN DON PRECIOSO

(Life Is a Precious Gift)
por Maria L. Ellis, BBA, MBA

En la luz dorada del amanecer me alzo,
agradecida por la vida que abrazo.
Un tesoro sagrado que guardo en mi ser,
y con cada instante, más claro ha de ser.

Lo más hermoso que la vida me dio,
fue ver el sol nacer, su gloria y fulgor.
Colores pintando el cielo en canción,
llenando mi alma de paz y emoción.

De pie ante el mar, escucho su voz,
las olas susurran promesas de Dios.
Una sinfonía de la naturaleza en unión,
que revela su magia y su creación.

La brisa refrescante murmura al pasar,
todo está bien, no hay nada que temer más.
Siento la presencia divina en su amor,
las palmas me saludan con tierno clamor.

Me dicen: "Eres hija de Dios celestial,
amada y guiada por su bien eternal."
Unida a la belleza del mundo sin fin,
recordando vivir, a gozar del jardín.

En este nuevo día elevo mi oración,
pidiendo sabiduría, fuerza y pasión,
para vivir con propósito y claridad,
y aprovechar cada oportunidad.

Porque la vida es un don sin igual,
una danza en la luz del bien y del mal.
Cada amanecer, cada ola en el mar,
me invita a amar, a agradecer, a soñar.

Aprovechemos el día con dulce canción,
Carpe diem, con gozo en el corazón.
En la belleza de la vida hallaremos verdad,
un viaje de bendiciones, eternidad.

EL AMOR DE DIOS

(God's Love)
por Maria L. Ellis, BBA, MBA

En la quietud de la noche hallo consuelo,
mientras escucho susurros del amor del cielo.
La dulce certeza del amor de mi Dios,
purifica mi alma y eleva mi voz.

¡Cuán preciosa soy ante su mirar!,
una hija envuelta en su eterno brillar.
Sus palabras de amor, como brisa sutil,
acarician mi alma con toque gentil.

Atesoro los momentos al oír su voz,
que calma mis miedos y me llena de Dios.
Susurra en mi oído con tono divino,
recordando su presencia en mi camino.

Su amor es un río que fluye sin fin,
lavando mis dudas, renovando el jardín.
En sus brazos encuentro fuerza y paz,
refugio eterno que nunca se irá.

Me sostiene en su abrazo, fiel y sincero,
su amor inmutable, tierno y verdadero.
Sus palabras son música celestial,
guiando mi vida con amor sin igual.

Oh, dulces palabras que tanto venero,
que alejan temores con tono sincero.
Me recuerdan mi valor y mi esencia,
tesoro amado en su divina presencia.

Escucho atento su voz amorosa,
y en cada instante mi alma reposa.
Su promesa de amor me da serenidad,
un recordatorio de su eternidad.

En los susurros de su amor hallo mi valor,
alma preciosa, creada en su ardor.
Y en su palabra me sé bendecida,
por siempre abrazada, en su amor sostenida.

ALIANZA CON GRANDES MENTES

(Alliance with Great Minds)
por Maria L. Ellis, BBA, MBA

En el reino de los sueños y la invención creadora,
reflexiono sobre la alianza transformadora,
con grandes mentes que el rumbo cambiaron,
Ford, Edison y Burroughs, que el mundo inspiraron.

¡Oh, qué valiosa unión con estos seres de luz!,
cuyas ideas brillan con eterno fulgor y virtud.
Abrieron senderos de cambio y progreso,
su alianza fue el impulso del éxito inmenso.

Henry Ford, visionario del ensamblaje industrial,
revolucionó la fábrica con genio sin igual.
Su unión con la innovación, fuerza motriz,
transformó al mundo con poder feliz.

Thomas Edison, el mago de la invención,
con su alianza encendió la revolución.
Iluminó al planeta con su resplandor,
su brillo fue faro de ciencia y fervor.

John Burroughs, naturalista y sabio profundo,
en su alianza exploró los secretos del mundo.
Sus palabras, poesía que invita a pensar,
su amor por la tierra nos hizo soñar.

En alianza con estos grandes pensadores,
surge una sinergia de nobles valores.
Su sabiduría es guía, fuego encendido,
que aviva la chispa del genio nacido.

Porque en la unión trascendemos fronteras,
multiplicamos sueños y fuerzas sinceras.
Compartiendo saberes, pasión y razón,
forjamos progreso y compasión.

Busquemos, pues, alianzas eternas,
con almas sabias, de mentes modernas.
En su legado hay tesoros sin fin,
que prueban el poder del espíritu afín.

Con Ford, con Edison y Burroughs también,
hallamos coraje, visión y bien.
Su ejemplo nos guía, su fuego nos llama,
a crear un futuro que al mundo inflama.

En alianza con grandes mentes estaremos,
mano con mano, juntos creceremos.
Ampliando horizontes, forjando destino,
haremos del mundo un vergel divino.

NUESTRAS EMOCIONES HUMANAS

(Our Human Emotions)
por Maria L. Ellis, BBA, MBA

En el tapiz del esfuerzo y la lucha humana,
late la emoción del deseo que nos hermana.
Se entrelaza con sueños y ansias profundas,
enciende pasiones, las almas fecundas.

Hombres y mujeres de logros sin par,
movidos por el llamado de amar y crear.
El poder de la atracción, fuerza indomable,
inspira sus actos, los vuelve memorables.

El amor, elixir potente que une y abraza,
ha guiado la mente que nunca se cansa.
De poetas que escriben su ardiente sentir,
a artistas que pintan su modo de existir.

La fama, seductora que halaga y embriaga,
inspira ambición que al cielo se alza.
Ansiosos de gloria, de ser recordados,
muchos alcanzaron los sueños dorados.

El poder, elixir que domina y fascina,
moldea destinos, gobierna la rutina.
Por ansia de mando y fuego interior,
surgen los líderes que cambian el honor.

La música, lenguaje del alma y su voz,
expresa emociones más hondas que Dios.
Con ritmo y melodía que al corazón toma,
inspira grandeza, eleva y transforma.

La armonía, esencia de paz y equilibrio,
invita a los pueblos a unirse sin delirio.
Su búsqueda noble, su canto interior,
une naciones bajo un mismo amor.

Las emociones que el alma agitan,
dan forma a la vida, la encienden, la invitan.
Deseo, amor, fama, poder y canción,
armonía divina de la creación.

Acojamos, pues, las emociones humanas,
consciente su fuerza, dulces o tempranas.
Pues en su reino hay luz y hay oscuridad,
fuerza que deja eterna huella en verdad.

Que el ser humano, guiado por la luz,
use su emoción con bondad y virtud.
Inspirando grandeza, compasión y belleza,
dejando un legado de amor y nobleza.

EL AMOR, PODER INFINITO

(Love Endless Power)
Por Maria L. Ellis, BBA, MBA

En el reino del genio, donde las mentes vagan,
el toque del amor sagrado todo lo embriaga.
Pues en la llama ardiente de su pasión,
nacen las ideas, brota la inspiración.

El amor, musa que enciende la creación,
aviva al artista con suave emoción.
Del poeta que teje versos de ternura,
al pintor que plasma su radiante hermosura.

En el corazón del sabio pensador,
el amor se torna su mayor fervor.
En su abrazo dulce y su suave unión,
florecen las ideas, germina la razón.

El científico, movido por su curiosidad,
explora los misterios de la humanidad.
Deseoso de entender la vida y su andar,
el amor lo guía, lo invita a soñar.

El músico, el compositor inspirado,
crea melodías que el alma ha tocado.
Pues el amor es canto universal,
que eleva los sueños a un plano inmortal.

El influjo del amor en la mente brillante
es vasto, eterno, puro y constante.
Del matemático al sabio erudito,
su esencia resuena, sutil, infinito.

Porque el amor, la fuerza que une y enlaza,
inspira el intelecto, su fuego abraza.
Y en su presencia de gracia y ternura,
las mentes hallan su senda más pura.

Celebremos, pues, su poder sin medida,
que impulsa las almas, que enciende la vida.
En el suave vaivén de su amorosa danza,
florece la mente, y el mundo se lanza.

FUENTES DE SABIDURÍA

(Sources of Wisdom)
Por Maria L. Ellis, BBA, MBA

En el reino del saber, donde mora la verdad,
habitan las fuentes de la claridad.
Desde los tiempos antiguos hasta el presente,
exploremos los caminos del alma consciente.

La primera fuente, chispa de creación divina,
es el genio interior, la llama que ilumina.
A través de los seis sentidos percibimos el todo:
tacto, gusto, olfato, vista, oído… y el modo profundo.

La inteligencia infinita, vasta y callada,
reside en nosotros, joya sagrada.
En la mente subconsciente, reino interior,
florecen los dones del sabio creador.

Y en el misterio del río que fluye sin fin,
brota el saber como un sueño sutil.
Las corrientes de la vida, siempre en acción,
llevan lecciones, claridad y comprensión.

Los libros y escritos, la palabra guardada,
son fuentes de luz, aunque a veces calladas.
Desde las Escrituras hasta el pensar moderno,
guían el espíritu hacia el saber eterno.

La naturaleza, maestra de infinita belleza,
revela sus verdades con delicadeza.
Del susurro del bosque al canto del mar,
sus signos nos invitan a contemplar.

Los sabios y eruditos, mentes refinadas,
son fuentes de luz, almas consagradas.
Su sabiduría, faro que alumbra el sendero,
ilumina el mundo con brillo sincero.

Y, por último, en la hondura del interior,
hallamos la fuente del propio valor.
En la introspección, la mente despierta,
descubre verdades que el alma interpreta.

Busquemos, pues, las fuentes del saber,
y dejemos que el alma aprenda a crecer.
Porque en la sabiduría y su resplandor,
hallamos las llaves del eterno esplendor.

EL PODER IMPULSOR DEL DESEO

(The Driven Power of Sex
por Maria L. Ellis, BBA, MBA

El magnetismo personal, hechizo cautivante,
del apretón de manos al gesto vibrante.
La forma en que andamos, con porte y valor,
irradiando atracción, cual música y ardor.

La vibración del pensamiento, fuerza invisible,
que toca las almas con impulso irresistible.
Positivo o negativo, su eco resuena,
moldeando percepciones, cual noche serena.

El cuerpo, lienzo donde el alma se expresa,
la esencia interior, su mayor belleza.
De ojos que brillan y sonrisas que encantan,
surge la hermosura que a todos levanta.

Y en el reino del fuego del deseo y pasión,
se enciende la chispa, brota la emoción.
Impulso ancestral que une cuerpo y alma,
revela anhelos, desata la calma.

Mas entre las fuerzas que el sentir despierta,
la sabiduría nunca debe ser incierta.
Pues las emociones pueden guiar o mentir,
solo con conciencia se aprende a vivir.

Naveguemos las corrientes del querer ardiente,
con mente despierta y corazón consciente.
Domando el impulso sin perder la visión,
de la verdad que enciende nuestra creación.

Porque en el arte humano de amar y sentir,
revelamos el ser que queremos seguir.
Las emociones orientan, pero elige la razón,
el sendero del alma, la unión y la pasión.

Honremos, pues, el poder del sentir,
mas con discernimiento sepamos fluir.
En el tapiz de la vida y su amoroso cantar,
somos los tejedores del arte de amar.

EL AMOR, PODER INFINITO

(The infinite power of love)
por Maria L. Ellis, BBA, MBA

En el reino del genio, donde las mentes vagan,
el toque del amor sagrado todo lo embriaga.
Pues en la llama ardiente de su pasión,
nacen las ideas, brota la inspiración.

El amor, musa que enciende la creación,
aviva al artista con suave emoción.
Del poeta que teje versos de ternura,
al pintor que plasma su radiante hermosura.

En el corazón del sabio pensador,
el amor se torna su mayor fervor.
En su abrazo dulce y su suave unión,
florecen las ideas, germina la razón.

El científico, movido por su curiosidad,
explora los misterios de la humanidad.
Deseoso de entender la vida y su andar,
el amor lo guía, lo invita a soñar.

El músico, el compositor inspirado,
crea melodías que el alma ha tocado.
Pues el amor es canto universal,
que eleva los sueños a un plano inmortal.

El influjo del amor en la mente brillante
es vasto, eterno, puro y constante.
Del matemático al sabio erudito,
su esencia resuena, sutil, infinito.

Porque el amor, la fuerza que une y enlaza,
inspira el intelecto, su fuego abraza.
Y en su presencia de gracia y ternura,
las mentes hallan su senda más pura.

Celebremos, pues, su poder sin medida,
que impulsa las almas, que enciende la vida.
En el suave vaivén de su amorosa danza,
florece la mente, y el mundo se lanza.

FUENTES DE SABIDURÍA

(Sources of Wisdom)
por Maria L. Ellis, BBA, MBA

En el reino del saber, donde mora la verdad,
habitan las fuentes de la claridad.
Desde los tiempos antiguos hasta el presente,
exploremos los caminos del alma consciente.

La primera fuente, chispa de creación divina,
es el genio interior, la llama que ilumina.
A través de los seis sentidos percibimos el todo:
tacto, gusto, olfato, vista, oído… y el modo profundo.

La inteligencia infinita, vasta y callada,
reside en nosotros, joya sagrada.
En la mente subconsciente, reino interior,
florecen los dones del sabio creador.

Y en el misterio del río que fluye sin fin,
brota el saber como un sueño sutil.
Las corrientes de la vida, siempre en acción,
llevan lecciones, claridad y comprensión.

Los libros y escritos, la palabra guardada,
son fuentes de luz, aunque a veces calladas.
Desde las Escrituras hasta el pensar moderno,
guían el espíritu hacia el saber eterno.

La naturaleza, maestra de infinita belleza,
revela sus verdades con delicadeza.
Del susurro del bosque al canto del mar,
sus signos nos invitan a contemplar.

Los sabios y eruditos, mentes refinadas,
son fuentes de luz, almas consagradas.
Su sabiduría, faro que alumbra el sendero,
ilumina el mundo con brillo sincero.

Y, por último, en la hondura del interior,
hallamos la fuente del propio valor.
En la introspección, la mente despierta,
descubre verdades que el alma interpreta.

Busquemos, pues, las fuentes del saber,
y dejemos que el alma aprenda a crecer.
Porque en la sabiduría y su resplandor,
hallamos las llaves del eterno esplendor.

ENCENDIENDO LA LLAMA
DEL PROGRESO

(Igniting the Flame of Progress)
por Maria L. Ellis, BBA, MBA

A lo largo de la historia, hubo mujeres que inspiraron,
Encendiendo la llama del progreso, mentes que inflamaron.
Sus logros, como estrellas en el cielo brillar,
Iluminan el camino para todos los que quieren intentar.

Tomemos a Marie Curie, pionera del reino de la ciencia,
Sus descubrimientos, un faro de resiliencia.
Inspirada por su amor, el apoyo inquebrantable de Pierre,
Juntos revelaron secretos, el fuerte del saber.

O Ada Lovelace, mente visionaria sin igual,
Su trabajo con Charles Babbage fue esencial.
La primera programadora, el camino trazó,
Para la era digital que hoy nos abrazó.

En las artes también, las mujeres han brillado,
Su creatividad y talento ampliamente aclamado.
Emily Dickinson, con su verso interior,
Reveló el alma humana, con dulce fervor.

Y no olvidemos a Rosa Parks, mujer de gran valor,
Cuyo acto de desafío encendió el clamor.
Al negarse a ceder su asiento en aquel bus,
Inspiró un movimiento, justicia para todos, su luz.

Estos son solo unos ejemplos, un vistazo fugaz,
De mujeres que inspiraron con logros sin paz.

En esta realidad del tiempo y el ser,
Sus voces resuenan, su legado al renacer.

Celebremos este momento radiante y fiel,
Donde los logros de las mujeres brillan con miel.
Porque en sus huellas hallamos inspiración,
Y juntos construiremos un mundo con corazón.

MUJERES EN LA CIENCIA Y LA TECNOLOGÍA

(Women in Science and Technology)
por Maria L. Ellis, BBA, MBA

En el reino de la ciencia y la tecnología actual,
Las mujeres han dejado una huella inmortal.
Su brillo y pasión, una luz que guía,
Nos impulsa adelante, día tras día.

Marie Curie, nombre por siempre venerado,
Su trabajo pionero, profundamente amado.
Con su hallazgo del poder de la radiactividad,
Reveló los secretos del átomo con claridad.

Rosalind Franklin y su difracción de rayos X,
Revelaron el ADN, su estructura feliz.
Sus hallazgos cruciales, aunque poco reconocidos,
Fueron cimientos de avances nunca antes vistos.

Hedy Lamarr, estrella del cine brillante,
Poseía una mente aguda y fascinante.
Su invención del salto de frecuencia genial,
Abrió paso al internet y al mundo digital.

Grace Hopper, visionaria de la computación,
Creó el compilador, gran innovación.
Sus lenguajes de programación, un don sin igual,
Hicieron de la tecnología un bien universal.

Chien-Shiung Wu, física de gran renombre,
Descifró las fuerzas débiles sin asombre.

Sus experimentos rompieron la convicción,
Confirmando la violación de paridad, gran revelación.

Estas mujeres, y tantas más sin nombrar,
Han dejado un legado imposible de borrar.
Sus contribuciones, faros de sabiduría,
Transformaron el mundo con maestría.

Honremos su genio, su valor sin fin,
Empoderemos a las que siguen el mismo jardín.
Porque ellas poseen la llave de la innovación,
Y juntas forjarán un futuro en expansión.

MUJERES EN LAS ARTES

(Women in the Arts)
por Maria L. Ellis, BBA, MBA

En el reino del arte, donde la imaginación florece,
Las mujeres han dejado huellas que el tiempo no desvanece.
Su creatividad y pasión, una llama radiante,
Iluminan el mundo con su talento vibrante.

Frida Kahlo, pintora de alma encendida,
En sus autorretratos plasmó su vida.
Con su pincel reveló su dolor y afán,
Creando obras que al alma llegarán.

Maya Angelou, poeta de profunda emoción,
Sus palabras danzaban con devoción.
Con versos poderosos dio voz y razón,
A luchas y triunfos de toda una nación.

Georgia O'Keeffe, pintora de flores sin igual,
Sus lienzos son joyas del mundo natural.
Con trazos audaces reveló lo oculto,
Celebrando la belleza en su punto justo.

Nina Simone, voz que al alma estremeció,
Con su música, justicia y paz defendió.
Cantando la verdad con fuerza y amor,
Su legado perdura como eterno clamor.

Audrey Hepburn, actriz de encanto sutil,
Su presencia en la pantalla, un arte gentil.
Con gracia y elegancia, supo inspirar,
Dejando una huella que nadie borrará.

Estas mujeres, y muchas más sin nombrar,
Han enriquecido el arte con su singular mirar.
Sus obras y logros dieron forma a la cultura,
E inspiraron generaciones con su hermosura.

Celebremos su talento, su luz y su voz,
Honremos a las mujeres que el arte elevó.
Porque su creatividad no conoce frontera,
Y juntas harán que el arte prospere y viera.

UNA CAMPEONA DE LOS DERECHOS DE LA MUJER

(A Champion for Women's Rights)
por Maria L. Ellis, BBA, MBA

En el reino de los colores, donde los sueños alzan vuelo,
Surgió un espíritu libre, brillante y sincero.
Frida Kahlo, mujer de fuerza y de gracia,
Dejó una huella eterna, una tierna caricia.

Con el pincel en mano, su alma pintó,
Expresando su verdad, su mundo mostró.
Con trazos vibrantes reveló su dolor,
Un diario visual, espejo interior.

Sus autorretratos hablaron de lucha y pasión,
Reflejo profundo de la condición.
Cada trazo contaba una historia escondida,
Su arte fue voz, su esencia vivida.

Frida, símbolo de orgullo y poder,
Inspira a las mujeres a renacer.
Su espíritu libre, un faro de luz,
Guía en la sombra, fuerza que seduce.

Abrazó su esencia, sin miedo ni máscara,
Desafió las normas, su alma no se apaga.
Su uniceja y su atuendo colorido,
Símbolos de valor, orgullo y sentido.

Frida, campeona de los derechos femeninos,
Alzó su voz por caminos divinos.

Rompió las barreras, desafió la corriente,
Empoderando mujeres, alma valiente.

Su legado perdura, su influencia sin fin,
Su arte y su fuerza resplandecen en mí.
Frida Kahlo, musa de los siglos,
Símbolo de coraje, de sueños erguidos.

Celebremos su espíritu libre y creador,
Su lucha por las mujeres, su mensaje de amor.
Que su arte y legado jamás se apaguen,
E inspiren generaciones que aún se embarguen.

MUJERES EN EL CAMPO STEM

(Women in the STEM Field)
por Maria L. Ellis, BBA, MBA

En el reino del saber, donde nacen los hallazgos,
Las mujeres han dejado huellas y legados.
En ciencia, tecnología, ingeniería y matemáticas,
Sus contribuciones forjaron sendas magníficas.

Desde las estrellas hasta el fondo del mar,
La curiosidad las llevó a explorar.
En laboratorios y talleres su mente brilló,
Rompiendo barreras, el futuro abrió.

Marie Curie, pionera de la radiación,
Reveló los secretos de la creación.
Su estudio atómico, un gran avance,
Premio Nobel, ejemplo de constancia y alcance.

Ada Lovelace, mente visionaria y audaz,
En la computación fue singular y capaz.
Su motor analítico, idea monumental,
Sentó las bases del mundo digital.

Katherine Johnson, matemática sin par,
Trazó trayectorias para volar.
Sus cálculos precisos, clave vital,
Guiaron naves al cosmos celestial.

Rosalind Franklin, pionera del ADN,
Develó su estructura con gran vaivén.
Sus rayos X mostraron la verdad,
Un legado eterno a la humanidad.

Mae Jemison, astronauta ejemplar,
Superó límites para al espacio llegar.
Su viaje estelar, símbolo sin igual,
Rompe estereotipos, inspira al total.

Mujeres del mundo, en campos y labor,
Sus aportes florecen con resplandor.
En medicina, ciencia y tecnología,
Su genio impulsa la armonía.

A cada mujer que se atrevió a soñar,
A recorrer caminos sin dudar,
Celebramos su fuerza, su gran saber,
En ciencia, tecnología, ingeniería y poder.

Que el mundo reconozca su papel esencial,
Su brillo eterno, su espíritu inmortal.
Mientras forjan un futuro de claridad,
Sus contribuciones vivirán por la eternidad.

MUJERES EN LA EDUCACIÓN

(Women in Education)
por Maria L. Ellis, BBA, MBA

En el reino de la educación, donde las mentes se encienden,
Las mujeres han impulsado el aprendizaje sin que nada las
detenga.
Sus contribuciones, como faros en la noche,
Iluminan el camino del saber con brillante derroche.

Maria Montessori, pionera de la enseñanza,
Su método transformó la infancia con templanza.
Con aprendizaje activo y libertad para explorar,
Nutrió jóvenes mentes, enseñándoles a soñar.

Helen Keller, símbolo de fuerza y superación,
Su búsqueda del conocimiento fue una bendición.
A pesar de sus retos, logró trascender,
Inspirando al mundo con su poder de creer.

Malala Yousafzai, voz de la educación femenina,
Su valentía y defensa fueron su doctrina.
Desafiando la opresión, con fe y verdad,
Luchó por el derecho de toda niña a estudiar.

Anne Sullivan, maestra de impacto profundo,
Su paciencia y entrega cambiaron el mundo.
Guiando a Helen Keller con amor y tesón,
Abrió las puertas del saber y la comprensión.

Maria Montessori, de nuevo recordada,
Su filosofía educativa sigue consagrada.
Con aprendizaje centrado en el niño y su andar,

Empoderó mentes jóvenes a explorar y crear.

Mary McLeod Bethune, educadora pionera,
Comprometida con la igualdad sincera.
Fundó una universidad con visión y unión,
Rompiendo barreras con determinación.

Dorothy Vaughan, matemática excepcional,
Su liderazgo en la NASA fue monumental.
Como mentora y maestra, su legado quedó,
Y en STEM a las mujeres su ejemplo guió.

Estas mujeres, y muchas más por nombrar,
Han dejado una huella difícil de borrar.
En el campo educativo, su voz resuena,
Elevando el saber, su misión eterna.

Sus contribuciones son testimonio de su poder,
Inspiran a aprender, a crecer, a creer.
A todas las mujeres en la educación, rendimos honor,
Por su sabiduría, su entrega y amor.

Celebremos sus logros, proclamemos su nombre,
Su pasión y compromiso ennoblecen al hombre.
Porque gracias a ellas, el mundo aprendió,
Que el conocimiento florece donde una mujer enseñó.

LA SALUD DE LA MUJER

(Women's Health)
por Maria L. Ellis, BBA, MBA

En el reino de la salud femenina, donde se busca cuidado y
amor,
Las mujeres han contribuido con entrega y valor.
Su dedicación y saber, apoyo sin cesar,
Empoderan a otras mujeres a sanar y a cuidar.

Florence Nightingale, pionera de la enfermería,
Su compasión y trabajo marcaron la historia.
En medio de la guerra, llevó la luz del bien,
Forjando la enfermería moderna con su saber también.

La doctora Elizabeth Blackwell, médica ejemplar,
Con firme determinación logró triunfar.
Primera mujer doctora en su nación,
Abrió caminos con gran convicción.

La doctora Rebecca Lee Crumpler, de espíritu noble y au-
daz,
Primera afroamericana en alcanzar tal paz.
Su compasión y entrega en el arte de curar,
Mejoraron la salud femenina sin cesar.

La doctora Virginia Apgar, defensora del recién nacido,
Con su escala vital, salvó incontables destinos.
Aseguró la salud desde el primer respirar,
Su legado en obstetricia sigue sin igual.

La doctora Helen Brooke Taussig, mente brillante y cora-
zón,

Transformó la cardiología infantil con devoción.
Su precisión y ternura cambiaron la atención,
Dando esperanza y vida a cada generación.

Margaret Sanger, defensora de los derechos femeninos,
Luchó por el control natal con fines divinos.
Empoderó a las mujeres con decisión,
Su legado perdura en la revolución.

La doctora Jane Goodall, primatóloga y guardiana del pla-
neta,
Sus estudios revelaron una verdad concreta.
Mostró que la salud animal y humana son unión,
Inspirando compasión, ciencia y reflexión.

Estas mujeres, y muchas más sin nombrar,
Han elevado la salud femenina sin parar.
Con pasión y ciencia dejaron huella,
Mejorando vidas con mano bella.

Sus aportes, testimonio de fuerza y bondad,
Defienden la salud de la mujer con dignidad.
A todas las que cuidan con entrega y saber,
Celebramos su espíritu, difícil de vencer.

Honremos sus logros, proclamemos su misión,
Las mujeres en la salud son inspiración.
Por su entrega y sabiduría que el mundo abraza,
Empoderan vidas con ternura y gracia.

En el reino de la salud femenina su legado perdura,
Guiando generaciones con alma pura.
Sus contribuciones, un faro de esperanza y fe,
Inspiran a la mujer a sanar y renacer.

LA CREACIÓN DE LA VIDA

(Life's Creation)
por Maria L. Ellis, BBA, MBA

En el reino de la creación, un milagro sin igual,
Las mujeres poseen un don celestial.
Sus cuerpos, vasijas donde la vida inicia,
Milagro divino, pura delicia.

En el abrazo de la maternidad se halla,
Una conexión sagrada que nunca falla.
En su vientre late un corazón pequeño,
Prueba viva del milagro del sueño.

Desde el primer movimiento, suave y tierno,
Hasta los giros del bebé en su universo interno,
La mujer protege, nutre y da abrigo,
Guardiana de la vida, del ser querido.

Con cada día el lazo florece,
Entre madre e hijo, amor que engrandece.
Entre lágrimas, risas y devoción,
El amor materno es pura creación.

Mas no olvidemos, en tan noble misión,
El papel del hombre con su corazón.
El padre sostiene, comparte y guía,
Forjando con amor la familia.

Juntos caminan por lo desconocido,
Creciendo en fe, en lo compartido.
Con entrega y amor trazan el camino,
De un porvenir brillante y divino.

Honremos a la mujer, portadora del ser,
Su fuerza creadora, su poder de renacer.
Su cuerpo da vida, su alma sostiene,
El ciclo eterno que todo mantiene.

Y reconozcamos al hombre también,
Su amor y apoyo que hacen tan bien.
En su entrega y ternura se encuentra el cimiento,
Del hogar, del amor, del contentamiento.

En el reino de la salud y la maternidad,
Celebramos la vida en su totalidad.
Pues gracias a su don de concebir y cuidar,
La humanidad sigue su curso sin parar.

Honremos a las madres, mujeres sin par,
Su fortaleza y dulzura al amar.
Y a los padres leales y fieles de corazón,
Por su amor, su entrega y su bendición.

En la celebración de la creación humana,
Se une el amor que todo hermana.
La unión de mujer y hombre en su esplendor,
Es la esencia eterna del vivir y del amor.

DEJA QUE TU IMAGINACIÓN EMPRENDA EL VUELO

(Let Your Imagination Take Flight)
por Maria L. Ellis, BBA, MBA

En un mundo donde abundan las posibilidades,
He aprendido que los grandes logros no son para las mayoridades.
No se reservan para los más fuertes o brillantes,
Sino para los soñadores, los perseverantes.

¿Estás listo para emprender un viaje nuevo?
Explorar caminos inexplorados, sin miedo ni relevo,
Seguir una visión más allá de lo conocido,
Donde los avances esperan, en silencio contenido.

Porque cuando te atreves a soñar con los ojos abiertos,
El universo conspira con milagros encubiertos.
Las oportunidades surgen, sutiles pero reales,
Invitándote a cruzar los portales.

Los descubrimientos no son de unos pocos elegidos,
Están al alcance de todos los atrevidos.
No se trata de fuerza ni de intelecto sin fin,
Sino del valor de mirar la vida desde otro confín.

Deja que tu imaginación emprenda el vuelo,
Abraza lo desconocido con ardor y anhelo.
Porque en el reino de los sueños está la llave,
Que abre puertas a todo lo que cabe.

Con cada paso hacia lo incierto y lo nuevo,

Te esperan avances, cambios sin relevo.
Abraza los retos, los giros del destino,
Pues en ellos se halla el aprendizaje divino.

Atrévete a soñar con un rumbo distinto,
Y verás los milagros en su laberinto.
Porque al creer en el poder que vive en ti,
La vida florece desde su raíz.

Entonces, ¿te atreves hoy a soñar?
A abrazar lo extraordinario sin dudar.
Los avances te esperan, a un paso quizá,
Cuando te atreves a soñar, cada día más

EL FLUIR DE LA VIDA

(Life's Ebb and Flow)
por Maria L. Ellis, BBA, MBA

En el fluir de la vida hallamos belleza,
Una danza de momentos, de calma y tristeza.
Con cada subida y cada caída que llega,
Debemos adaptarnos, sin miedo que nos ciega.

Como un río que cruza terreno escarpado,
La vida nos lleva por rumbo variado.
Las corrientes cambian, el camino se retuerce,
Mas nuestra esencia persiste y se fortalece.

Porque ante los retos crecemos sin duda,
La adversidad nos moldea, aunque sea ruda.
Como semilla que brota en suelo infecundo,
También florecemos, desafiando al mundo.

Evolucionemos, como cambian las estaciones,
Abrazando lo nuevo, sin limitaciones.
La estancación trae solo pesar,
Mas crecer y aprender nos hace avanzar.

Mientras navegamos los flujos del vivir,
Recordemos que el conflicto nos hace existir.
Pues solo al enfrentar lo que la vida nos da,
Descubrimos la fuerza que en el alma está.

Bailemos, entonces, al ritmo del tiempo,
Apreciando cada instante, cada movimiento.
Porque el fluir de la vida es un don divino,
Y en su travesía, elevamos el destino.

LAS ESTACIONES DE NUESTRA VIDA

(The Seasons of Our Life)
por Maria L. Ellis, BBA, MBA

En el tapiz de la vida, las estaciones se revelan,
Cada una trae historias que en el alma se desvelan.
Desde el florecer vibrante del abrazo primaveral,
Hasta los tonos ardientes del otoño sin igual.

A medida que las estaciones cambian, debemos cambiar,
Adaptarnos y crecer, como un árbol al caminar.
Pues la vida es un fluir constante y profundo,
Y en cada estación, hallamos un nuevo mundo.

En la primavera de la juventud florecemos,
Exploramos el mundo, soñamos y crecemos.
Las oportunidades brotan, como flores al sol,
Y las tomamos con fuerza, con pasión y control.

Mas llega el verano, con su fuego y su afán,
Probando el coraje, la voluntad y el afán.
Entre los desafíos hallamos fortaleza,
Y aprendemos que la perseverancia es nobleza.

El otoño llega con colores intensos y dorados,
Recordándonos que el cambio es de los más sagrados.
Soltamos aquello que ya no nos nutre,
Y abrimos el alma a lo que el corazón instruye.

Por fin llega el invierno, estación de reposo,
De reflexión serena y propósito hermoso.
En su quietud hallamos deseo y pasión,
Reavivando en el alma una nueva canción.

En cada estación seguimos adelante,
Abrazando lo incierto, lo desafiante.
Porque en el cambio y el crecimiento hallamos valor,
Y forjamos una vida de propósito y amor.

Así que recibamos las estaciones de la existencia,
Con los brazos abiertos y el alma en conciencia.
Adaptarnos, crecer, avanzar sin temor,
Pues cada estación renueva nuestro interior.

LAS TRANSICIONES DE LA VIDA

(Life's Transitions)
por Maria L. Ellis, BBA, MBA

En la carrera de la vida solemos comparar,
Mas la verdadera victoria es saber avanzar.
Cada uno lleva dentro una llama encendida,
Talento y pasión que dan sentido a la vida.

En este viaje de cambios y transiciones,
Recordemos seguir nuestras propias direcciones.
Las oportunidades esperan, ocultas quizá,
Si mantenemos la mente firme y la voluntad en paz.

No hay que seguir las huellas de otro andar,
Pues nuestro propio brillo debemos hallar.
Abraza tus dones, déjalos relucir,
En tu autenticidad hallarás el porvenir.

En tiempos de cambio puede reinar la duda,
Pero no dejes que el miedo te sacuda.
Confía en tu fuerza, en tu temple y bondad,
Y avanza a tu ritmo, con serenidad.

El camino será sinuoso, con giros y desvíos,
Mas en ellos florecen los desafíos.
Cada transición es una puerta por abrir,
Un nuevo aprendizaje, una forma de existir.

Recuerda: no es solo la meta final,
Sino el trayecto vivido, el esfuerzo vital.
Corre tu propia carrera, con pasión y valor,
Y deja que tus talentos muestren su esplendor.

Busca oportunidades en cada transición,
Con la mente enfocada en la visión.
Cuida tus actos, alimenta el alma,
Y haz de tu camino tu meta más calma.

Porque al correr tu propia carrera, hallarás plenitud,
Y al abrazar tu esencia, descubrirás la virtud.
Corre con convicción, aprovecha cada instante,
Y verás cómo tu vida baila, vibrante.

UNA DESPEDIDA, UNA CELEBRACIÓN DE VIDA

(A Farewell, A Celebration of Life)
por Maria L. Ellis, BBA, MBA

En un momento de pérdida, cuando caen las lágrimas,
Creamos una celebración que alivie las almas.
Porque un funeral puede ser más que dolor y pesar,
Puede ser tributo, memoria, y canto al amar.

Reunámonos juntos, con el corazón abierto,
Honrando la vida con amor sincero y cierto.
En lugar de lamento, celebremos y recordemos,
Los momentos preciosos que juntos vivimos.

En esta despedida, pintemos de colores,
Con flores alegres y risas entre olores.
Elijamos tonos vivos, como el arcoíris brillante,
Símbolo de una vida plena y vibrante.

En vez de lágrimas, contemos historias y anécdotas,
De amores eternos, de alegrías y notas.
Celebremos la risa, el gozo compartido,
Recordando el brillo de su tiempo vivido.

Llenemos la sala de música y melodía,
Que eleve el espíritu, que dé armonía.
Pues la música sana, consuela y trasciende,
Y al alma herida dulcemente comprende.

Creamos un ambiente de amor y ternura,
Con velas encendidas que dan luz y dulzura.

Una atmósfera cálida, que abrace y consuele,
Mientras honramos la vida que el cielo se lleve.

Invitemos la risa, que llene el lugar,
Pues en la alegría hallamos fuerza para amar.
Compartamos historias, graciosas o locas,
Y celebremos momentos que aún tocan nuestras bocas.

Y al decir adiós, liberemos el dolor,
Con globos que ascienden llevando el amor.
Cada globo un símbolo de lo que aún perdura,
Elevando el espíritu, sanando la ruptura.

Hagamos, pues, una celebración sin igual,
Donde el llanto y la pena no tengan lugar.
Porque al celebrar la vida hallamos consuelo y paz,
Y honramos su legado, que eterno será.

Recordemos su amor, su luz y alegría,
Y celebremos la vida que en nosotros brilla.
En esta celebración hallaremos camino,
Para atesorar recuerdos, por siempre divinos.

HONREMOS SU TRAYECTORIA

(Let's Honor Their Journey)
por Maria L. Ellis, BBA, MBA

En el reino de las despedidas, donde los corazones son tiernos,
Celebramos la vida, un tributo eterno.
Con música como guía y globos al cielo,
Honremos su camino con amor sincero.

Mientras las melodías flotan dulcemente en el aire,
Cada nota es un recuerdo, un instante a repaire.
El ritmo de la vida, la armonía del ser,
En el abrazo de la música hallamos renacer.

Y los globos, oh los globos, danzan al viento,
Símbolos de libertad en su ascenso lento.
Con colores vibrantes, llevan nuestros sueños,
Mensajes de esperanza en sus destellos pequeños.

El globo rojo, símbolo de coraje y poder,
Por una vida vivida con fuerza y deber.
Se eleva valiente, desafiando el destino,
Testimonio de fuerza, de espíritu divino.

El globo azul, emblema de paz y sosiego,
Refleja la calma, un bálsamo sincero.
Susurra tranquilidad en momentos de aflicción,
Guiándonos con ternura y comprensión.

El globo amarillo, símbolo de alegría y calor,
Nos recuerda sonreír, incluso en el dolor.
Irradia luz de sol, una chispa encendida,

Celebración de risas, memorias compartidas.

El globo rosado, emblema del amor sin fin,
Tierno recordatorio en este jardín.
Lleva cariño en cada suave vaivén,
Testimonio de un amor que siempre está bien.

Y mientras los globos ascienden, más y más alto,
Llevan nuestros deseos, amor y relato.
Alcanzan los cielos donde las almas reposan,
Una despedida amorosa, en alas hermosas.

Dejemos que la música suene, que los globos se eleven,
Mientras en unidad los corazones se mueven.
En esta celebración de vida, unamos la emoción,
Despidiendo con amor, luz y devoción.

Porque en la música y los globos hallamos consuelo,
Un tributo a la vida que sigue su vuelo.
Recordemos la risa, las lágrimas, el querer,
En esta celebración, el amor vuelve a florecer.

EL HOMBRE DE HOY

(The Man of Today)
por Maria L. Ellis, BBA, MBA

El hombre de hoy, con mente brillante,
Emprende un viaje en busca del instante,
De verdad y luz que guíen su andar,
Rompiendo cadenas que solían atar.

Ya no limitado por roles pasados,
Derriba barreras con pasos osados.
Busca igualdad en toda dimensión,
Empoderando al mundo con su visión.

Mas en medio del cambio, su corazón sincero,
Sabe que el amor es su sendero.
Porque el mayor deseo del hombre fiel,
Es ver feliz a la mujer junto a él.

Escucha atento las palabras que ella da,
Sus sueños y anhelos en su alma están.
Apoya su causa con fe y devoción,
En su triunfo encuentra su motivación.

Pues el hombre no es completo sin ella a su lado,
Sus almas unidas en viaje sagrado.
Ella le brinda equilibrio y fortaleza,
Juntos conquistan con entereza.

En su presencia halla calma y sosiego,
Su amor y apoyo son dulce ruego.
Con ella puede todo lograr,
En su abrazo halla su hogar.

Celebremos, pues, al hombre de hoy,
Ejemplo de cambio, respeto y amor.
Con comprensión y unión, avancemos en paz,
Porque el hombre y la mujer, juntos, brillan más.

EN EL ABRAZO DEL AMOR

(In Love's Embrace)
por Maria L. Ellis, BBA, MBA

En el corazón del hombre de hoy, habita el amor,
Comprende su belleza, su gracia y su fervor.
Sabe que no son las palabras las que cuentan más,
Sino los actos sinceros que el alma da.

Sabe que el amor es paciente, como lluvia suave,
Que nutre y consuela, que el dolor deshace.
Escucha sus miedos, su angustia, su afán,
Con empatía la abraza, sin soltar su afán.

Entiende que el amor es danza y compás,
Dos almas que giran con ritmo y paz.
Toma su mano, la guía con cuidado,
En cada paso demuestra su amor expresado.

Sabe que el amor es refugio y abrigo,
Donde florece la confianza y el cariño.
Ofrece consuelo en tiempos de aflicción,
Un puerto seguro en toda ocasión.

Sabe que el amor es llama que arde,
Encendiendo pasiones, deseos y alardes.
Aviva el fuego con gestos sutiles,
Un beso, un susurro, caricias gentiles.

Sabe que el amor es jardín florecido,
Donde crecen semillas con mimo compartido.
Cultiva ese lazo con tiempo y ternura,
Y ve cómo florece con luz y dulzura.

Sabe que el amor es melodía divina,
Una sinfonía que nunca termina.
Canta su nombre en notas de amor,
Una canción eterna de puro fervor.

Sabe que el amor es viaje infinito,
Donde juntos exploran su destino escrito.
Mano a mano caminan la senda vital,
Con amor como guía incondicional.

Así, el hombre de hoy, en el abrazo del amor,
Comprende su esencia con fiel candor.
Ama, protege y entrega su ser,
Porque en el amor halla su verdadero poder.

LA MUJER DE HOY

(Woman of Today)
por Maria L. Ellis, BBA, MBA

En el corazón de la mujer de hoy, habita el amor,
Comprende su poder, su belleza y su fulgor.
Sabe que no es solo un sentimiento fugaz,
Sino una fuerza inmensa que la impulsa en su andar.

Entiende que el amor es lenguaje callado,
Que se expresa en gestos, sinceros y cuidados.
Un toque gentil, un abrazo de calma,
Una mirada tierna que envuelve el alma.

Sabe que el amor es refugio seguro,
Un puerto tranquilo, profundo y puro.
En sus brazos halla consuelo y paz,
Un santuario de amor que eterno será.

Entiende que el amor es danza y unión,
Dos almas que giran con fe y pasión.
Apoya y alienta sin condición,
Construyendo un lazo de firme conexión.

Sabe que el amor es llama encendida,
Que enciende pasiones, da vida a la vida.
Con deseo y ternura, explora sin temor,
Creando un amor de entrega y ardor.

Entiende que el amor es jardín florecido,
Donde siembra confianza con mimo compartido.
Lo riega de afecto, paciencia y valor,
Y ve cómo crece su tierno esplendor.

Sabe que el amor es melodía divina,
Una sinfonía que nunca termina.
Con palabras y actos canta su canción,
Creando armonía, ternura y unión.

Entiende que el amor es viaje y aventura,
Donde juntos navegan con fe y dulzura.
Entre altos y bajos, enfrentan la vida,
Con amor como ancla, su fuerza y su guía.

Así, la mujer de hoy, en abrazo de amor,
Comprende su esencia con todo fervor.
Ama, cuida y entrega su ser,
Porque en el amor halla su razón de ser.

MANO A MANO

(Hand in Hand)
por Maria L. Ellis, BBA, MBA

En un mundo lleno de prisas y confusión,
Hay una pareja que ha vencido el tiempo con devoción.
Casados por más de cuarenta y cinco años de amor,
En este jueves espontáneo, emprenden algo mayor.

Sin planes grandiosos ni reservas hechas,
Solo una noche sencilla, sin fechas estrechas.
Sin atuendos lujosos ni eventos de gala,
Solo ellos dos, su amor nunca falla.

Mano a mano caminan por la ciudad,
Compartiendo risas, memorias y complicidad.
Sin rumbo fijo, sin horario que cumplir,
Solo el presente, dejando el alma fluir.

Encuentran un café en una esquina escondido,
Piden sus platos favoritos, sonrientes y unidos.
No hace falta vino caro ni manjar especial,
Solo la dicha mutua, tan celestial.

Recuerdan los días de su juventud,
Los retos vividos, su eterna virtud.
Sin gestos grandiosos ni planes que abrumen,
Solo sus manos, que se entienden y se unen.

Pasean por el parque bajo el suave lunar,
Creando recuerdos que el tiempo no va a borrar.
Sin regalos caros ni ostentación,
Solo abrazos sinceros, pura emoción.

Se sientan juntos bajo el cielo estrellado,
Mirando constelaciones, su amor renovado.
Sin espectáculos caros ni luces brillantes,
Solo la belleza del cosmos, tan deslumbrante.

Bailan en la hierba como en su juventud,
Reavivando la chispa, su amor y virtud.
Sin pista de baile ni salón elegante,
Solo el ritmo del alma, vibrante y constante.

Cuando la noche termina, se abrazan sin fin,
Agradecidos por el amor que los guía al confín.
Sin gestos fastuosos ni palabras de más,
Porque en la sencillez, todo es paz.

Han descubierto que la magia verdadera,
Vive en lo simple, en su entrega sincera.
Sin planes complejos ni fiestas sin par,
Su amor, tras los años, sigue igual de especial.

ADAPTARSE Y EVOLUCIONAR

(Adapt and Evolve)
por Maria L. Ellis, BBA, MBA

En el reino de la existencia, donde la vida florece,
Persiste una verdad que todo lo estremece.
El cambio, compañero constante y real,
Río eterno de vida, flujo universal.

La vida es un vaivén, una danza sin fin,
Una sinfonía de momentos que no tienen confín.
El cambio sopla como brisa gentil,
Transformando paisajes, quebrando el perfil.

El cambio es neutral, sin máscara ni disfraz,
Refleja la verdad donde la mente va.
Nuestra percepción y nuestra reacción,
Marcan el rumbo y la dirección.

Ante el cambio, el miedo puede llegar,
La incertidumbre nubla el mirar.
Mas no dejemos que el temor nos ate,
El cambio es la llave que el crecimiento desate.

Abracemos su flujo, su eterno girar,
Pues el cambio enseña, invita a amar.
De las cenizas del ayer, renace lo nuevo,
Oportunidades ocultas, bajo su velo.

En medio del caos y la transformación,
Hallemos firmeza, hallaremos razón.
El cambio trae retos, pero dones también,
Descubrimos fuerza que antes no se ven.

En el tapiz de la vida, el cambio teje su hilo,
Moldea destinos, forja el camino.
Acojamos la metamorfosis con humildad,
Porque en su abrazo vive la libertad.

No temamos al viento que todo renueva,
Escuchemos su canto, que siempre se eleva.
La vida es un flujo, regalo divino,
Que nos invita a trazar nuestro destino.

El cambio es esencia, es ritmo vital,
Nos recuerda adaptarnos, fluir sin final.
Enfrentémoslo con gracia y resiliencia interior,
Navegando lo incierto con fe y valor.

El cambio es el lienzo donde el viaje se pinta,
Donde la vida da giros y nunca se limita.
Ríndete a su danza, su eterno compás,
Y deja que el cambio te moldee más.

PODER INFINITO

(Infinite Power)
por Maria L. Ellis, BBA, MBA

En las profundidades del ser, en un reino invisible,
Habita el subconsciente, guardián infalible.
Puente entre la mente y la fuente divina,
Donde los cinco sentidos tejen su rutina.

Como viento que susurra, el subconsciente respira,
Guía nuestros pensamientos, inspira, conspira.
Guarda los misterios que el alma anhela,
Conectándonos al universo, su gran escuela.

A través de la vista, pinta un tapiz brillante,
Colores y formas en danza constante.
Cada mirada revela una historia escondida,
Que da sentido y magia a nuestra vida.

Con el tacto, teje la tela del sentir,
Acaricia la piel, invita a vivir.
Del roce tierno al abrazo que abriga,
Nos recuerda el amor que siempre nos liga.

Por el gusto celebra los sabores del ser,
Delicia que alegra, placer de entender.
En la dulzura de una fruta o en un toque de especia,
Descubrimos la dicha, la esencia que nos aprecia.

Por el olfato captura el paso del tiempo,
Fragancias que evocan amor y recuerdo.
Del perfume de una rosa al aroma del suelo mojado,
Nos transporta al pasado, sagrado y amado.

Por el oído escucha la sinfonía vital,
Melodías del alma, vibración celestial.
Del canto del ave a la risa infantil,
Nos envuelve la música, lenguaje sutil.

El subconsciente, un portal sin final,
Hacia el poder infinito, energía total.
Susurra verdades en voces calladas,
Guiándonos por sendas jamás exploradas.

Contiene la sabiduría de eras pasadas,
Conexión divina, riquezas guardadas.
Por los sentidos nos habla su voz,
Recordándonos que somos parte de Dios.

Escuchemos susurros con mente y corazón,
Que el subconsciente es brújula y razón.
En su profundidad vive el poder sin medida,
Que guía y eleva nuestra propia vida.

Abrázalo, déjalo ser tu aliado,
En cada paso, en cada estado.
Pues en su abrazo hallarás la verdad,
El poder infinito de tu humanidad.

NUESTROS RECUERDOS

(Our Memories)
por Maria L. Ellis, BBA, MBA

En lo profundo de la mente, los recuerdos habitan,
Registro de momentos que el tiempo medita.
Son los hilos que tejen el gran tapiz vital,
El lente que refleja el futuro y lo ancestral.

Como susurros del pasado, los recuerdos regresan,
Viajando por el tiempo, emociones que besan.
Pintan imágenes vivas de días ya idos,
Grabadas en el alma, eternos latidos.

A través de ellos revivimos la alegría sentida,
Las risas, los amores, la siembra de la vida.
Traen calor al corazón en días de frío,
Faros de luz en el laberinto del camino.

Mas también guardan sombras y dolor,
Las pérdidas, las lágrimas, y su clamor.
Pero incluso en la pena, hay fuerza escondida,
Pues del sufrimiento nace nueva vida.

Los recuerdos moldean el presente y su andar,
Brújulas sabias que ayudan a avanzar.
Nos recuerdan quién fuimos y quién podemos ser,
Alimentan el alma, nos hacen renacer.

Con cada instante, nuevos recuerdos nacen,
Dejando legados que en la historia yacen.
Forman el futuro, barro entre nuestras manos,
Pintando destinos, sueños humanos.

Atesora tus recuerdos, dulces o amargos,
Son la esencia del alma, sus cantos largos.
Son los lentes por donde aprendemos a ver,
El pasado, el presente y el poder de crecer.

Deja que te guíen con sabiduría y ternura,
Abraza su eco, su suave textura.
Pues en su abrazo yace un tesoro sin fin,
La historia de la vida que habita en ti.

RECUERDOS Y EL YO DEL FUTURO

(Memories and Future-Self)
por Maria L. Ellis, BBA, MBA

Los recuerdos, como susurros de una orilla lejana,
Moldean el mundo que el alma desgrana.
Son los cimientos de nuestra percepción,
Tejiendo con hilos propios nuestra conexión.

A través de ellos, aprendemos del ayer,
Lecciones grabadas que nos ayudan a crecer.
Nos enseñan fortaleza frente a la adversidad,
Transformando los retos en oportunidad.

En el tapiz de recuerdos que atesoramos,
Surge nuestra identidad, la que proclamamos.
Reflejan triunfos, luchas y alegrías,
Forjando un relato que el tiempo confía.

Los recuerdos construyen un puente al porvenir,
Guían nuestros pasos, ayudan a decidir.
Nos inspiran a soñar con lo que seremos,
Trazando el mapa del destino que tejemos.

Con cada recuerdo pintamos una visión,
Del ser futuro, de su evolución.
Inspiran acciones, deseos y pasión,
Encendiendo en el alma una viva emoción.

Pero los recuerdos, por sí solos, no bastan,
Son semillas que el presente contrasta.
Con elecciones y actos forjamos el andar,
Creando al futuro yo, paso tras paso, al avanzar.

Que los recuerdos sean brújula y mentor,
Que guíen con sabiduría y con amor.
En ellos reside el poder de nuestro porvenir,
Mientras navegamos el mar del vivir.

UN VISTAZO AL PROGRESO

(A Glimpse of Progress)
por Maria L. Ellis, BBA, MBA

En el tapiz del tiempo, una semana sin igual,
Reflexiono en el progreso, sutil y vital.
Momentos que brillaron con gozo y saber,
En este canto poético los quiero tejer.

Una charla profunda, de sabiduría y razón,
Fluyó con verdad, dejó su lección.
Ideas cruzadas, mentes en unión,
Destellos de progreso en la contemplación.

Un reto enfrenté que quiso probar,
Mi temple y mi fuerza al caminar.
Mas firme quedé, sin retroceder,
El progreso es coraje que sabe vencer.

Vivencias que me hicieron explorar,
Nuevos talentos logré despertar.
En cada intento, un paso avancé,
Progreso grabado en todo lo que hallé.

Una pequeña victoria, mas grande en valor,
Un sueño cumplido, fruto de ardor.
La dulce satisfacción del deber realizado,
El progreso en mi alma ha quedado marcado.

Y en los momentos de calma interior,
Descubrí crecimiento, claridad y amor.
Una luz más pura, una visión más real,
El progreso florece en lo espiritual.

Que este poema sea testimonio fiel,
Del progreso vivido, sencillo y cruel.
De eventos, palabras y logros sin par,
Reflejo de un avance que sé valorar.

Pues el progreso no siempre salta a la vista,
A veces se esconde en jornada imprevista.
Y mientras la vida me siga inspirando,
Celebraré el progreso que voy alcanzando.

CONTEMPLA UN
HERMOSO AMANECER

(Behold a Beautiful Sunrise)
por Maria L. Ellis, BBA, MBA

Mientras la oscuridad se disuelve en el abrazo del horizonte,
Surge un nuevo amanecer, sereno y radiante.
El cielo arde con tonos divinos y claros,
Una sinfonía de colores, mensaje de los astros.

Contempla la belleza del resplandor matinal,
Un tapiz dorado, un espectáculo celestial.
El mundo despierta, bañado en luz dorada,
Promesa de un nuevo día, alma renovada.

Con cada amanecer, un nuevo inicio florece,
Una oportunidad para vivir que en el alma enriquece.
El día se despliega como un regalo precioso,
Lleno de posibilidades, radiante y hermoso.

En los suaves rayos del sol naciente,
Hallamos consuelo y calma presente.
El mundo se agita, la naturaleza despierta,
Susurra secretos, la vida se reinventa.

Cada aurora trae esperanza y deseo renovado,
De alcanzar los sueños que hemos trazado.
Con cada día, un lienzo nuevo aparece,
Una oportunidad para crear y ser lo que se merece.

El amanecer nos recuerda la vida y su valor,
La importancia de vivir con gratitud y amor.

De bailar con gozo, saborear el instante,
De abrazar la belleza, eternamente vibrante.

Recibamos cada amanecer con el corazón abierto,
Aceptando lo nuevo, lo incierto y lo cierto.
Pues en su promesa habita la gracia infinita,
La experiencia de la vida, completa y bendita.

Con cada nuevo amanecer, el mundo renace,
Una sinfonía de esperanza en su canto se enlaza.
Abracemos el don que el día nos da,
Y volemos en las alas del alba que vendrá.

EMOCIONES DIVINAS

(Emotions Divine)
por Maria L. Ellis, BBA, MBA

Con cada amanecer, las emociones despiertan,
Un caleidoscopio de sentimientos que se agitan.
La primera luz del alba enciende la llama interior,
Un viaje de emociones, de esperanza y fervor.

La esperanza se eleva como el sol naciente,
Disipa la tristeza, renueva la mente.
Susurra suave: "Hoy todo puede comenzar,
Las posibilidades son tuyas, no las dejes escapar."

La emoción danza entre los rayos dorados,
Anticipando sueños aún no alcanzados.
Un aire de asombro llena el amanecer,
Los sueños despiertan, el alma vuelve a creer.

La paz se posa en el brillo matinal,
Una calma que envuelve en su fluir vital.
El caos del mundo cesa por un instante,
Y en el abrazo del alba, todo es vibrante.

La gratitud florece como rosa temprana,
Por los dones de la vida, por la belleza humana.
Por el simple milagro de poder respirar,
Y por el esplendor del sol al despertar.

La reflexión llega con la luz que avanza,
Mientras el mundo despierta, el alma alcanza.
Los recuerdos emergen, dulces y sutiles,
Emociones que se entrelazan, puras y gentiles.

La inspiración brota con el sol que se alza,
La creatividad despierta, la mente abraza.
Los colores del cielo, las notas del viento,
Despiertan pasiones, renuevan el sentimiento.

Y en el corazón, una mezcla tierna y real,
Pues con cada amanecer, el tiempo sigue su ritual.
Las emociones bailan su danza fugaz,
Mientras el sol ilumina la vida, en paz.

Que las emociones del alba te envuelvan hoy,
Una sinfonía de sentimientos donde todo soy.
De la esperanza al amor, de la calma al fervor,
Cada amanecer trae un cambio interior.

Abraza las emociones que el alba te da,
Deja que te guíen, que te ayuden a volar.
Porque en cada nuevo día, hay arte y creación,
Y en las emociones del sol, renace tu corazón.

UNA DANZA CÓSMICA

(A Cosmic Dance)
por Maria L. Ellis, BBA, MBA

En el reino diminuto, donde los átomos moran,
Tiene lugar una danza que los cielos evocan.
Estos bloques de materia, tan densos, tan finos,
Guardan secretos antiguos, misterios divinos.

Átomos, cimientos de toda creación,
Se enlazan y unen con pura emoción.
Por valencias y electrones se tienden la mano,
Formando estructuras de orden arcano.

Mas he aquí, en el vasto espacio estelar,
Átomos y moléculas comienzan a danzar.
Cambian, se agrupan, asumen su forma,
Un torbellino molecular, su esencia transforma.

En este vals de constante evolución,
Las partículas giran con firme intención.
Sus conductas cambian, su ritmo no cesa,
Un ballet cósmico, pura sutileza.

Por energía y fuerza, la magia acontece,
La naturaleza en su equilibrio florece.
Átomos y moléculas, en su abrazo sagrado,
Crean diversidad, un universo encantado.

Admira, pues, su danza sin fin,
Su arte invisible, su eterno confín.
Del sólido al gas, del líquido al ser,
Su cambio perpetuo nos enseña a creer.

En el gran tapiz de la existencia hallamos,
A los átomos danzando, vida les damos.
Sus configuraciones, un juego sin fin,
Donde la materia revela su festín.

Una danza eterna, del micro al cosmos,
Tejiendo la vida, sin pausa, sin modos.
En cada partícula vibra la canción,
Del universo en su infinita creación.

ÁTOMOS Y MOLÉCULAS

(Atoms and Molecules)
por Maria L. Ellis, BBA, MBA

En el reino de la creación, donde abundan los milagros,
Residen los átomos y moléculas, cimientos sagrados.
Pequeñas entidades, llenas de poder latente,
Guardan la fuerza de transformar lo existente.

En su núcleo esconden misterios sin fin,
Protones y electrones bailan en su confín.
Por fuerzas y enlaces se unen con ardor,
Creando moléculas, un canto de esplendor.

¿Pero qué causa esta danza transformadora?
¿Qué energía impulsa su labor creadora?
Es el fluir de la energía, serena y feroz,
La que guía su unión con invisible voz.

Temperatura y presión, manos de la naturaleza,
Moldean sus formas con sabia sutileza.
El calor asciende, el entorno cambia,
Y átomos responden con danza que encanta.

Las reacciones químicas, sinfonías de mutación,
Rompen y crean enlaces en perpetua transformación.
Los electrones migran, se enlazan, se van,
Y en cada proceso, la vida se da.

En el reino de la creación habitan sin cesar,
Los átomos y moléculas, esencia de lo que hay.
Del sólido al líquido, del gas al plasma ardiente,
Cambian su forma eternamente.

Átomos y moléculas, la clave de la materia,
Tejen la existencia con ciencia etérea.
Su persistencia es arte, su orden divino,
Reflejo del cosmos, su eterno destino.

Admira, pues, su magia sin igual,
Tan diminuta y a la vez colosal.
En sus configuraciones, una sinfonía trazamos,
Guiados por las fuerzas que al universo amamos.

LA TRANSFORMACIÓN ES CONSTANTE

(Transformation Is Constant)
por Maria L. Ellis, BBA, MBA

En el corazón de la creación, donde todo comenzó,
Residen los átomos, cimientos que el cosmos formó.
Partículas diminutas, diversas y vastas,
Que al unirse y danzar, crean formas contrastas.

Cada átomo guarda un núcleo en su interior,
Protones y neutrones, unidos con fervor.
A su alrededor, los electrones giran sin cesar,
En niveles de energía que buscan equilibrar.

Cuando los átomos se encuentran, en danza celestial,
Nacen las moléculas, un espectáculo sin igual.
Por enlaces químicos se unen en comunión,
Compartiendo electrones, perfecta conexión.

El enlace covalente surge del compartir,
Electrones que unen, que los hacen existir.
El iónico, en cambio, ocurre al ceder,
Cargando opuestos que se buscan y quieren tener.

Los factores de cambio son muchos, sin fin,
Cada uno con su propósito y su poder sutil.
La temperatura eleva la energía vital,
Provocando mutaciones en su estado molecular.

La presión actúa con fuerza y rigor,
Acercando átomos con intenso vigor.

Los catalizadores despiertan reacción,
Acelerando procesos, pura transformación.

La luz y la radiación, con su vibrante poder,
Excitan átomos que comienzan a renacer.
Campos eléctricos y magnéticos también,
Moldean su estructura una y otra vez.

En el vasto reino de la creación sin final,
Estos factores convergen en danza universal.
Por fuerzas y energía que nunca cesarán,
Las transformaciones de la vida surgirán.

Así, en cada instante, el cambio persiste,
Nada se detiene, nada resiste.
Pues en el universo, eterno y vibrante,
La transformación es ley, constante y brillante.

COMO GRANOS DE ARENA

(Like Grains of Sand)
por Maria L. Ellis, BBA, MBA

En el reino de la creación, tejemos sin cesar,
Una sinfonía de vida, un tapiz sin igual.
De los bloques del ser, tomamos la forma,
Seres humanos que cambian, en eterna norma.

Cada día despertamos al beso del alba,
Transformándonos con propósito, con calma.
Como átomos y moléculas, nos unimos sin fin,
Creando lazos de amor, respeto y jardín.

En los minutos que pasan, el alma se abre,
Entre sueños y pruebas, el espíritu labre.
Aprendemos y crecemos, el tiempo se va,
Transformando el pensar, la vida nos da.

En las horas que siguen, trabajamos sin cesar,
Construyendo destinos, anhelos por alcanzar.
Con pasión y entrega trazamos el camino,
Forjando futuros, cumpliendo el destino.

Y en segundos que pasan, como granos de arena,
Tomamos decisiones, algunas sin pena.
Transformaciones surgen, fugaces, sutiles,
Moldeando el carácter, en actos gentiles.

Entre gozo y tristeza hallamos sentido,
Transformando el alma, el ser expandido.
Con esperanza y fuerza enfrentamos la prueba,
Creando una vida que el corazón aprueba.

Recordemos, entonces, en nuestro transitar,
Que el cambio es constante, del alba al final.
Somos arquitectos de nuestra creación,
Moldeando el mundo con determinación.

En los bloques del ser hallamos el valor,
Transformando la Tierra con fe y amor.
Abracemos la fuerza que en nosotros mora,
Y creemos un mundo donde la paz aflora.

EL TIEMPO DEJA SU HUELLA

(Time Leaves Its Trace)
por Maria L. Ellis, BBA, MBA

A medida que el tiempo se escapa, un sutil baile comienza,
Los momentos se vuelven recuerdos, historias en presencia.
El presente se desvanece, se escapa de la mano,
Dejando rastros de vida, un suspiro humano.

Los jóvenes envejecen, los días se van,
Líneas en los rostros, como cielos al azar.
El vigor de la juventud cede paso al saber,
Dejando un legado, una huella al crecer.

Las relaciones cambian, el tiempo las transforma,
Algunas se fortalecen, otras se deforman.
Amistades forjadas en fuego y verdad,
Superan los años, sobreviven la tempestad.

Los sueños de antaño cambian su forma,
Nuevas aspiraciones surgen, la vida se transforma.
Oportunidades nacen, los caminos divergen,
Y el suave empuje del tiempo nos urge y nos mueve.

El mundo sigue girando, el tiempo se va,
Las estaciones cambian, la noche al día dará.
Somos testigos del curso de la historia,
Dejando huellas profundas en la memoria.

Pero en lo efímero, hay belleza escondida,
En el presente sagrado, fuente de vida.
Apreciemos cada instante, cada respiro fugaz,
Abrazando el momento, sin mirar atrás.

Así que mientras el tiempo se escapa y fluye,
Aprovechemos el día, que nada huye.
En el tapiz de la vida, cada hilo tiene su lugar,
Un recordatorio eterno: el tiempo deja su huella al pasar.

LA BELLEZA DEL TIEMPO

(The Beauty of Time)
por Maria L. Ellis, BBA, MBA

En el reino del tiempo, donde los momentos vuelan sin ce-
sar,
Buscamos detenerlo, el cielo poder calmar.
Pero el tiempo, incansable, no se deja domar,
Su marcha constante nunca deja de andar.

Sin embargo, en su fugaz y efímero pasar,
Existe una belleza que nos invita a reflexionar.
Pues en su fluir, en su rostro cambiante,
Hallamos gracia y poder en lo impermanente.

En el sol naciente, pintando el amanecer,
O en el rocío que besa las flores al renacer.
Los momentos fugaces, como suspiros al viento,
Guardan belleza en su propio movimiento.

En la risa compartida, en la alegría sincera,
O en las lágrimas derramadas, en la noche entera.
Esas emociones, aunque se esfumen sin fin,
Revelan la esencia de lo humano en su confín.

En el baile de las estaciones, en su eterno girar,
Vemos al tiempo pasar y transformar.
De la flor que brota al dorado otoñal,
Cada instante nos muestra su ciclo vital.

El tiempo, aunque esquivo, trae dones sin fin,
Lecciones de fuerza, de crecer y persistir.
Nos enseña a saborear, a soltar y abrazar,

A hallar belleza en lo que ha de pasar.

No podemos frenar su paso ni su andar,
Pero sí podemos su gracia celebrar.
Hallando encanto en su constante fluir,
Sabiendo que en su huella, la vida ha de existir.

En el vaivén eterno del río del tiempo,
Aprendemos a amar cada momento.
Y en su belleza efímera hallamos razón,
De vivir el presente, con alma y corazón.

ABRAZANDO EL VIAJE DE LA VIDA

(Embracing Life's Journey)
por Maria L. Ellis, BBA, MBA

En el tapiz de la vida, donde el tiempo se despliega,
Las lecciones abundan, y el alma se sosiega.
El tiempo, maestro sabio con historias que contar,
Susurra en nuestros oídos: "Es hora de empezar."

En los segundos que corren, en los minutos que huyen,
El tiempo nos recuerda lo breve que fluye.
Un regalo precioso, al nacer nos fue dado,
Para amar y abrazar, sin miedo ni cuidado.

Con cada tic, nos invita a estar presentes,
A vivir con el alma, con corazones ardientes.
Pues en el paso del tiempo hallamos la llave,
Para abrir la belleza del destino que sabe.

El tiempo enseña a saborear, a aprovechar el día,
A bailar bajo la lluvia, a reír con alegría.
A disfrutar los sabores, los gozos, la canción,
Y crear recuerdos que laten en el corazón.

Ante la adversidad, el tiempo nos tiende la mano,
Guiándonos del abismo al terreno humano.
Cada reto es lección, cada caída un girón,
Para alzarse de nuevo, con más convicción.

En los brazos del amor, el tiempo susurra ternura,
Nos invita a cuidar con alma y dulzura.
A romper las barreras que separan el querer,
Porque el amor es arte que el tiempo hace crecer.

En las estaciones del cambio, el tiempo pinta paisajes,
De primaveras vibrantes a invernales pasajes.
Nos muestra los ciclos, la belleza en transición,
Y cómo el crecimiento brota tras la reflexión.

No seamos ociosos mientras el tiempo se va,
Abracemos su paso, que no volverá.
Cada minuto, cada instante que se nos concede,
Es oportunidad de vivir como el alma puede.

Aprovechemos lo efímero con gozo infinito,
Llenemos la vida de pasión y propósito bendito.
Pues el tiempo enseña una verdad cristalina:
Vivir plenamente es la meta divina.

Y mientras el reloj sigue su compás profundo,
Bailemos al ritmo del latir del mundo.
Abrazando el viaje, con fe y emoción,
Porque el tiempo nos enseña a vivir con pasión.

ANTE LA ADVERSIDAD

(In the Face of Challenge)
por Maria L. Ellis, BBA, MBA

En lo profundo de la adversidad, cuando las sombras ace-
chan,
El tiempo surge como una luz guía, disipando la pena.
Con cada momento que pasa, susurra un relato,
De fuerza y resistencia que nunca se deshace.

Cuando llegan las dificultades y el camino se vuelve duro,
El tiempo nos recuerda que nada es en vano, seguro.
Pues nos lleva adelante, entre pruebas y aflicción,
Guiándonos hacia la esencia de una vida con razón.

Frente a los desafíos, el tiempo se vuelve nuestro guía,
Conduciéndonos por la oscuridad, donde la esperanza yacía.
Con cada paso que damos, nos tiende su mano,
Mostrándonos el camino, ayudándonos temprano.

El tiempo enseña paciencia en medio del dolor,
Que sanar y crecer requiere su labor.
A través de la tristeza, nos muestra el sendero,
Para abrazar la fortaleza y avanzar sincero.

En el tapiz de la vida, el tiempo teje su hilo,
Recordándonos que las tormentas también tienen asilo.
Pues sabe que las pruebas moldean y definen,
La fuerza interior que siempre ilumina.

Con el paso del tiempo, las heridas sanan,
Las cicatrices se vuelven historias que nos hermanan.
El tiempo ofrece perspectiva, una vista ampliada,

Y las lecciones del dolor nos dejan renovada.

En el crisol de las pruebas, el tiempo moldea el alma,
Cultiva la resistencia, devuelve la calma.
Nos enseña a levantarnos tras caer y tropezar,
A hallar la fuerza interior y no claudicar.

Así, cuando la adversidad toque y los retos aparezcan,
Dejemos que el tiempo nos guíe, que nos fortalezca.
Pues guarda la sabiduría, las lecciones que instruyen,
Para cruzar la tormenta y que los logros fluyan.

Con el tiempo como maestro, creceremos y brillaremos,
A través de cada tormenta, siempre avanzaremos.
Porque el tiempo, el guardián, no nos dejará perder,
Guiándonos por la adversidad, paso a paso, hasta renacer.

EL ELÍXIR DE LA VIDA

(The Elixir of Life)
por Maria L. Ellis, BBA, MBA

En el reino de la naturaleza, donde la vida comienza,
El agua fluye, un milagro que nunca se desvanece.
Su toque suave, un abrazo que consuela,
Una sinfonía de coherencia, que todo lo desvela.

El agua, el elíxir de la vida, pura y cristalina,
Apaga nuestra sed, disipa la ruina.
Nutre nuestros cuerpos, nos mantiene con vida,
Un recurso precioso, nuestra fuerza concebida.

Desde los poderosos océanos hasta los ríos serenos,
El agua nos sustenta, cumpliendo nuestros sueños.
Limpia nuestro ser, purifica el alma,
Fuente de vitalidad que devuelve la calma.

En el rocío de la mañana, brillante y fugaz,
El agua da vida a las flores, en su mágico compás.
Coherencia en acción, mientras los pétalos se abren,
Belleza en armonía, secretos que no acaban.

Mira los ríos, que fluyen con gracia,
Tallando paisajes, dejando su estampa y su audacia.
Moldean la tierra con fuerza inquebrantable,
Testimonio del agua, poder admirable.

Para el ser humano, el agua es un don,
Una necesidad vital, un canto de unión.
Apaga la sed, hidrata nuestras células,
Y en su coherencia, la salud se acumula.

Imagina un día de verano, el sol en su apogeo,
Un sorbo de agua fresca, alivio y deseo.
O un baño en el lago, de aguas cristalinas,
Revitalizando el cuerpo, sanando las rutinas.

La coherencia del agua va más allá de saciar,
Es fuente de salud, en quien sabe confiar.
Ayuda la digestión, regula el calor,
Elemento vital, esencia de todo ser y color.

Considera su poder curativo, tan cierto,
En terapias, su magia abre el concierto.
Desde la hidroterapia hasta el baño relajante,
El agua consuela, su efecto es constante.

Así que valora el agua, este regalo del cielo,
Símbolo de vida, reflejo del anhelo.
Su coherencia nos nutre, en cuerpo y en mente,
Sosteniendo la vida, eternamente.

AGUA DE COHERENCIA

(Coherence Water)
por Maria L. Ellis, BBA, MBA

En el reino del bienestar, donde habita la sanación,
Fluye el agua de coherencia, bálsamo y bendición.
Su toque suave, un abrazo sereno,
Energía curativa que llena todo terreno.

Agua de coherencia, sinfonía de gracia,
Restablece el equilibrio con noble eficacia.
Sus vibraciones armónicas, un canto sanador,
Revitalizan cuerpo, mente y alma con fervor.

Imagina un alma cansada buscando consuelo,
El agua de coherencia le ofrece su cielo.
En su presencia, el estrés se desvanece,
Un oasis de calma que todo esclarece.

Para quienes sufren dolor y fatiga interior,
El agua de coherencia brinda alivio y amor.
Sus propiedades sanadoras, cual marea gentil,
Aplacan molestias, trayendo bienestar sutil.

Piensa en el atleta que al límite llega,
El agua de coherencia su fuerza entrega.
Hidrata su cuerpo, mejora su fluir,
Optimizando el rendimiento, ayudando a seguir.

En el mundo de las emociones, donde reina el pesar,
El agua de coherencia trae paz sin igual.
Sus vibraciones coherentes calman la mente,
Restauran la claridad, liberando el presente.

Para quien busca lucidez, un sendero que hallar,
El agua de coherencia le invita a sanar.
Alinea los pensamientos, disipa el temor,
Desbloquea la sabiduría, con suave fulgor.

Imagina un corazón herido por el dolor,
El agua de coherencia lo alivia con amor.
Sus frecuencias curativas disuelven la aflicción,
Sanando las heridas con tierna compasión.

Para quienes buscan su crecimiento espiritual,
El agua de coherencia es guía esencial.
Amplifica las intenciones, abre el espacio,
Para manifestar los sueños con divino abrazo.

Considera el poder que guarda en su fluir,
El agua de coherencia nos enseña a vivir.
Desde antiguas tradiciones hasta el día actual,
Sus dones profundos trazan un camino ideal.

Así que abraza el agua de coherencia en tu ser,
Fuente de sanación para renacer.
Su toque gentil, un remedio sin igual,
Brinda armonía con amor celestial.

UN RECURSO PRECIOSO

(A Precious Resource)
por Maria L. Ellis, BBA, MBA

En el reino de la naturaleza, donde la vida comienza,
El agua fluye, un milagro que nunca se apacienta.
Su toque gentil, un abrazo de calma y ternura,
Una sinfonía coherente que llena con dulzura.

Agua, el elíxir de la vida, pura y cristalina,
Apaga nuestra sed, despeja la rutina.
Nutre el cuerpo, nos mantiene en existencia,
Un recurso precioso, fuente de resistencia.

Desde los vastos océanos hasta el arroyo sereno,
El agua nos sostiene con propósito pleno.
Limpia el alma, purifica el ser,
Fuente de vitalidad que nos hace renacer.

En el rocío matinal, un brillo fugaz,
El agua da vida, su magia tenaz.
Coherencia en acción, los pétalos se abren,
Belleza en armonía, secretos que caben.

Mira los ríos fluir con tanta elegancia,
Trazando paisajes con su perseverancia.
Moldean la tierra con fuerza incesante,
Testimonio del agua, poder vibrante.

Para el ser humano, el agua es don,
Necesidad vital, fuente de inspiración.
Apaga la sed, hidrata la piel,
Y en su coherencia, la salud es miel.

Imagina un día de verano, sol abrasador,
Un sorbo de agua fresca, alivio y fervor.
O un baño en el lago, cristalino y radiante,
Revitalizando el cuerpo, instante vibrante.

La coherencia del agua va más allá del beber,
Es esencial para el cuerpo y su poder.
Ayuda la digestión, regula el calor,
Elemento vital de todo ser y color.

Considera su poder sanador en acción,
En terapias revela su bendición.
Desde la hidroterapia hasta el baño de paz,
El agua alivia el alma y la calma verás.

Aprecia el agua, regalo del cielo,
Símbolo de vida, reflejo del anhelo.
Su coherencia nos une, en mente y corazón,
Nutriendo la vida, con eterna devoción.

UNA MENTE BRILLANTE

(A Brilliant Mind)
por Maria L. Ellis, BBA, MBA

Ralph Waldo Emerson, una mente brillante,
Reflexionó sobre la poesía, arte inspirante.
Creía que tenía gran importancia en verdad,
Para educar y elevar a la humanidad.

Para Emerson, la poesía era arte sagrado,
Un medio para tocar el alma en su estado.
A través de sus versos buscaba revelar,
Verdades y sabiduría que saben perdurar.

La poesía, para él, era fuente de luz,
Guiando las almas, sin sombra ni cruz.
Tenía el poder de despertar las mentes dormidas,
Y unir corazones, sanar las heridas.

En su ensayo "El Poeta", Emerson explicó,
Que los poetas son videntes, sin limitación.
Pueden ver más allá de la superficie del ser,
Y captar la belleza que la vida suele ofrecer.

Creía que el poeta tenía un don divino,
Capaz de elevar e inspirar su destino.
Al expresar emociones y pensamientos profundos,
Podía cambiar corazones y transformar los mundos.

Citó ejemplos de poetas de antaño,
Cuyas palabras resuenan con poder cada año.
Desde las epopeyas de Homero inmortal,
Hasta los sonetos de Shakespeare sin igual.

En los versos de Whitman vio celebrar,
La democracia en su forma más natural.
Y en las obras de Wordsworth y de Keats,
Encontró belleza, consuelo y matices sutiles.

Abracemos, pues, la poesía y su valor,
Pues tiene el poder de revelar el amor.
Despierta verdades que dentro yacen,
E inspira a vivir vidas que renacen.

Porque en los ojos de Emerson, la poesía es misión,
Educar e inspirar, con divina intención.
Atesoremos este arte eterno y sutil,
Y dejemos que sus versos nos guíen al porvenir.

CATALIZADOR DEL PENSAMIENTO

(Catalyst of Thought)
por Maria L. Ellis, BBA, MBA

A los ojos de Emerson, los poetas tenían gran poder,
Sus palabras podían encender, hacer renacer,
Una llama de cambio en el corazón social,
Y con sus versos, un nuevo mundo terrenal.

El poder del poeta, él siempre afirmó,
Reside en su visión, en lo que descubrió.
Verdades ocultas bajo la superficie callada,
Que comparte con el mundo, pura y elevada.

Eran los videntes, los visionarios de su era,
Capturando emociones, su esencia sincera.
Sus versos movían, inspiraban al alma,
Encendiendo el fuego, devolviendo la calma.

A través de sus poemas podían mostrar,
Las injusticias que otros querían ignorar.
Mientras la sociedad miraba hacia otro lado,
El poeta veía, hablaba y no era silenciado.

Traían luz a la oscuridad, esperanza al dolor,
Desafiaban al sistema con fe y valor.
Sus palabras eran bálsamo para el herido,
Catalizador de cambio, sentido y sentido.

Emerson vio en ellos la chispa vital,
Guiando a la humanidad al saber esencial.
Con sus poemas podían formar y moldear,
Un mundo mejor, donde el amor pueda reinar.

Emerson alabó el verso valiente de Whitman,
Que celebró la democracia sin límite humano.
Rompiendo las barreras de división e igualdad,
Sus palabras unían con fraternidad.

Y Wordsworth, inspirado en la naturaleza pura,
Despertó el amor por la vida sencilla y segura.
Sus versos recordaban la belleza terrenal,
Y llamaban a proteger su valor sin igual.

Los poetas cumplen un papel esencial,
En la búsqueda humana de un bien universal.
Sus palabras sanan, transforman, liberan,
E inspiran el cambio dondequiera que operan.

Para Emerson, los poetas eran la luz,
Guiando al hombre hacia la verdad y la cruz.
Sus palabras, semillas en tierra fecunda,
Hacen florecer esperanza profunda.

Apreciemos, pues, el poder del poeta en su andar,
Pues dentro de ellos habita el don de transformar.
Moldean el destino, renuevan la humanidad,
Y nos conducen hacia un futuro de verdad.

EL PODER DE ELEVAR

(The Power to Uplift)
por Maria L. Ellis, BBA, MBA

La alabanza de Emerson hacia los poetas fue sublime,
Sus palabras, como música, una sinfonía que redime.
Elogiaba su visión, su don de percibir,
Las profundidades de la verdad, el arte de vivir.

Whitman, el bardo del llamado democrático,
Sus versos abrazaban a todos, sin trato errático.
En *Hojas de Hierba*, celebró la libertad,
Rompiendo barreras con sinceridad.

Emerson vio en Whitman el espíritu de unidad,
Sus palabras, faro de esperanza y humanidad.
A través de sus poemas, luchó por igualdad,
E invitó a celebrar la diversidad con bondad.

Wordsworth, poeta del abrazo natural,
Sus versos nos llevaban a un templo vital.
Veía en la naturaleza refugio y consuelo,
Maestra de vida, paz bajo el cielo.

Emerson admiró su conexión profunda,
Su lente poética, mirada fecunda.
En sus odas al bosque, al río, al ser,
Nos enseñó la belleza que sabe florecer.

El mismo Emerson, poeta venerado,
Sus palabras son sabiduría del alma legado.
Predicó la confianza, el poder interior,
Creer en nosotros, vivir con valor.

Sus ensayos y versos, un faro brillante,
Guiando en la noche al alma errante.
Su elogio a los poetas no fue en vano,
Sus palabras curan, elevan la mano.

Recordemos a los poetas que él honró,
Sus versos, fuego que nunca cesó.
Nos mostraron el camino al amanecer,
Y en su canto, aprendimos a renacer.

Pues el poeta cumple un rol sagrado,
Elevar el espíritu, tocar lo amado.
Sus palabras, alas que nos hacen volar,
Y al ser humano, su alma elevar.

Celebremos, pues, al poeta que enciende,
La llama del cambio que siempre sorprende.
El elogio de Emerson fue justo y certero,
Los poetas nos guían al bien verdadero.

EL PODER DEL AMOR

(The Power of Love)
por Maria L. Ellis, BBA, MBA

En el reino del amor, tapiz divino,
Donde los corazones laten al unísono y destino,
Permíteme compartir un poema sincero,
Sobre cómo mostrar amor, tierno y verdadero.

El amor es un idioma sin palabras que hablar,
Se expresa en gestos, en actos de cuidar.
Para que el ser amado pueda sentir,
Que es valorado, sin fin ni porvenir.

Mostrar amor es saber escuchar,
Sus sueños, sus miedos, su andar.
Tender la mano y dar nuestro apoyo,
En triunfos y penas, sin despojo.

El amor es un abrazo, toque sutil,
Presencia constante, consuelo gentil.
Abrazar al que llora, secar su pesar,
Mostrar amor es ayudar a sanar.

El amor es un regalo sin condición,
Se encuentra en actos de compasión.
Una sonrisa, palabra o mirar,
Pueden su mundo entero iluminar.

El amor es paciente, faro de bondad,
Acepta errores con serenidad.
Ama sin juicios ni exigencia,
Brinda consuelo y permanencia.

Así, amigo, recuerda sin temor,
Eres amado por Dios y por amor.
Como Cristo en la cruz, amor sin final,
Su gracia perdura, eterna y vital.

Porque el amor no requiere voz,
Habla en acciones, reflejo de Dios.
Demuestra amor y deja ver,
Que el ser amado siempre ha de ser.

AMOR DIVINO

(Divine Love)
por Maria L. Ellis, BBA, MBA

En las profundidades del tiempo nació un amor,
Un amor sin límites, eterno y superior.
Desde los cielos desciende con dulzura y fervor,
El amor de Dios, tesoro sin dolor.

Insondable y puro, amor celestial,
Que en cada corazón busca su caudal.
Un amor constante, firme y sincero,
Que nos abraza a todos, por entero.

En las noches oscuras, cuando la sombra avanza,
El amor de Dios brinda su esperanza.
Faro luminoso en la oscuridad,
Llenando el alma de serenidad.

Con suaves susurros, su amor se siente,
En las hojas que bailan, en el viento silente.
En la risa infantil, en la brisa que pasa,
El amor divino todo lo abraza.

Es un amor que perdona sin condición,
Que limpia pecados con redención.
Sana heridas visibles y del alma también,
Reconstruye el corazón y lo vuelve bien.

El amor de Dios es paciente y bondadoso,
Presente en cada instante, puro y hermoso.
No conoce fronteras ni limitación,
Llega a todos con compasión.

En la belleza del mundo su amor se revela,
En cada amanecer su luz consuela.
En la vastedad del cielo estrellado,
Su amor eterno nos ha abrazado.

Acojamos este amor tan puro y sincero,
Que guía el camino y nos hace enteros.
En su abrazo hallamos paz y consuelo,
Un amor eterno, reflejo del cielo.

En cada respiro, en cada palpitar,
El amor de Dios se deja notar.
Obra divina de arte y verdad,
Fuente de vida y eternidad.

Celebremos este amor sin final,
Inquebrantable, divino y total.
Porque en el amor de Dios, tan perfecto y real,
Nuestro espíritu vuela hacia lo celestial.

ELLA REPRESENTA A TODAS LAS MUJERES

(She Stands for All Women)
por Maria L. Ellis, BBA, MBA

En la fuerza de una mujer, poder sin igual,
Resuena una verdad, un relato celestial.
Con cada paso que da, con coraje y valor,
Representa a las mujeres, con fe y amor.

Frente a la adversidad, su voz alza sin temor,
Guerrera de justicia, portadora de ardor.
Pues cuando se eleva en su forma especial,
Abre caminos nuevos, luz universal.

Su fuerza no es solo suya, es poder colectivo,
Un faro que brilla en lo oscuro y altivo.
En sus triunfos y luchas lleva una llama,
Encendiendo el cambio que nunca se apaga.

Tal vez no perciba su grande influencia,
Con cada palabra deja una herencia.
En su rebeldía y firme decisión,
Encierra el ritmo de una revolución.

A través de sus batallas rompe la prisión,
Liberando un poder que inspira acción.
En su libertad, otras hallan vuelo,
Moviendo montañas, tocando el cielo.

Con cada obstáculo vencido, barrera caída,
Representa los sueños, las causas queridas.

Su fuerza contagiosa, torrente imparable,
Recuerda al mundo que todo es alcanzable.

Celebremos, pues, a las que se alzan sin fin,
Pilares del cambio, voces de su jardín.
Que su coraje inspire, que su historia resuene,
En la igualdad que su ejemplo sostiene.

Porque cada vez que una mujer se levanta,
Su poder al mundo entero encanta.
En unión y hermandad, juntas de pie,
Cuando una se eleva, todas también.

VALOR Y DETERMINACIÓN

(Grit and Determination)
por Maria L. Ellis, BBA, MBA

El éxito no se halla solo en el brillo triunfal,
Sino en los pasos firmes, constantes y leal.
No es un instante fugaz ni un golpe de azar,
Sino fruto del esfuerzo que no deja de andar.

La grandeza puede llegar, mas no es la meta final,
Es el fruto del empeño, del trabajo vital.
La suma de horas, de días, de años también,
De fe y constancia, pese al vaivén.

El éxito es camino, senda a recorrer,
Cada paso adelante, lección por aprender.
No se trata de atajos ni fama veloz,
Sino del compromiso que eleva la voz.

El camino es largo, con pruebas sin fin,
Pero con valor y tesón, hallaremos su confín.
Tras caídas y fallos, volveremos a alzar,
Pues el éxito no es cómo, sino cuándo lograr.

La constancia es la clave, firme resolución,
Seguir adelante, en toda ocasión.
Pequeños pasos diarios, sin cesar,
Son los que al triunfo nos harán llegar.

El trabajo duro es base y cimiento,
Sostiene los sueños, impulsa el intento.
Son sudor y lágrimas, renuncia y dolor,
Los que esculpen el rumbo del soñador.

Y cuando luchemos con gran devoción,
El éxito llegará sin dilación.
Pues la grandeza no es fin ni estación,
Sino parte del viaje, pura evolución.

Abracemos la senda con fe y pasión,
Sabiendo que el éxito es dedicación.
Es el esfuerzo diario, sincero y real,
Y la grandeza vendrá, como don celestial.

EL PODER ESTÁ EN TUS MANOS

(Power Is on Your Hands)
por Maria L. Ellis, BBA, MBA

En el reino del pensamiento, donde la mente es libre,
Habita una verdad profunda que al alma describe.
Pues si no elegimos los pensamientos que dejamos entrar,
Otros moldearán nuestra visión, con motivos por revelar.

En este vasto mar de ideas, opiniones y razón,
Debemos ser cuidadosos en nuestra selección.
Cada pensamiento e imagen, semilla puede ser,
Que influye en creencias y en nuestro proceder.

Si dejamos que otros dicten lo que hemos de pensar,
Sus intenciones quizá no busquen nuestro bienestar.
Podrían manipularnos, controlar la razón,
Dejándonos presos en su visión.

Mas no temas, pues el poder está en tu interior,
Para elegir pensamientos que vibren con tu valor.
Busca el saber y la sabiduría con discernimiento,
Y haz de la verdad tu mayor cimiento.

Seamos guardianes de nuestra mente fiel,
Filtrando lo oscuro, abrazando lo del bien.
Que el amor y la compasión guíen nuestro pensar,
Y mantengan la sombra lejos de entrar.

Cuando elegimos los pensamientos con cuidado y honor,
Creamos un santuario, un refugio interior.
Donde la bondad y la verdad pueden morar,
Y nuestras intenciones comienzan a brillar.

Recuerda, amigo, el poder está en tus manos,
Para esculpir tus ideas, tus sueños humanos.
Elige con sabiduría lo que dejas pasar,
Y deja que tus motivos sean luz al andar.

EL PODER DE MOLDEAR
NUESTRO MUNDO

(Power to Shape Our World)
por Maria L. Ellis, BBA, MBA

En el reino del pensamiento, donde nacen los sueños,
Poseemos el poder de crear mundos pequeños o inmensos.
Con sabia elección, los pensamientos son arte,
Una obra del alma, creada con cada parte.

Con cuidado y gracia, elegimos pensar,
Como escultor que busca emociones tallar.
Cada elección, un trazo sobre el lienzo vital,
Donde los sueños florecen en modo celestial.

Pensamientos de amor, como pétalos al sol,
Crean un jardín que aleja el dolor.
Bondad y compasión, semillas que plantamos,
Y con ternura y fe, las cultivamos.

Con pensamientos valientes, vencemos temor,
Derribando barreras con fe y ardor.
Las limitaciones caen, los muros también,
Y abrimos caminos hacia el bien.

Pensamientos de gratitud, luz que resplandece,
Iluminan la noche cuando todo perece.
Agradeciendo lo grande y lo pequeño a la vez,
Tejemos un tapiz de asombro y altivez.

Con pensamientos de esperanza, puente formamos,
Y paso a paso los retos cruzamos.

Creyendo en lo posible, en lo aún por venir,
Creamos futuros que saben lucir.

Pensamientos creativos, manantial sin final,
Desatan la mente, su magia total.
Pintan palabras, melodías en el aire,
Creando belleza que nunca se compare.

Elijamos, pues, nuestros pensamientos con esmero,
Pues construyen o destruyen el mundo entero.
Con gracia e intención, formemos realidad,
Donde reine el amor y la humanidad.

Porque en el reino mental, el alma se expande,
Y lo que creamos, al mundo lo grande.
Con pensamientos puros, con fe y virtud,
Veremos los sueños tornarse en plenitud.

ALAS PARA NUESTRA ALMA

(Wings to Our Soul)
por Maria L. Ellis, BBA, MBA

Cuando los obstáculos surgen y la oscuridad se alza,
Los pensamientos de esperanza susurran sin pausa.
Nos impulsan adelante, con fe y convicción,
Guiando el camino, brindando redención.

Frente a la adversidad, cuando todo parece perdido,
Los pensamientos de esperanza llegan sin ruido.
Alimentan la fuerza, sostienen el andar,
Y con fe inquebrantable, logramos triunfar.

Como faro de luz en noche tormentosa,
La esperanza brilla, firme y hermosa.
Nos recuerda lo posible, lo aún por venir,
E inspira al alma a nunca desistir.

Cuando la duda nos nuble y el miedo nos atrape,
La esperanza susurra y el alma se escapa.
Susurra al oído, "Eres fuerte y valiente,"
Y el corazón late, firme y consciente.

Al recorrer la senda con giros y pruebas,
La esperanza enciende miradas nuevas.
Nos enseña que el tropiezo no es final,
Sino paso hacia el sueño esencial.

En horas de angustia, cuando todo parece oscuro,
La esperanza es consuelo tierno y seguro.
Nos recuerda la llama que dentro arde,
Y que el alma se eleva, aunque el mundo tarde.

Como brote que rompe el suelo helado,
La esperanza florece, sin ser frenado.
Nos recuerda la fuerza que en nosotros habita,
Para vencer y alcanzar la meta infinita.

Deja que la esperanza llene tu mente y pecho,
Y en la adversidad te mantenga en su lecho.
Ella da coraje, impulsa y consuela,
Y abre caminos que el alma revela.

Porque los pensamientos de esperanza son alas del ser,
Nos elevan alto, nos hacen creer.
Con esperanza de guía, amor y tesón,
Vencemos la vida con fe y corazón.

CAMBIA LA REALIDAD
A TU VOLUNTAD

(Bend Reality to Your Will)
por Maria L. Ellis, BBA, MBA

En el reino donde los pensamientos colisionan,
Donde los sueños y la realidad se fusionan,
Habita un poder, oculto en lo interior,
Una fuerza que desafía lo que fuimos con ardor.

"Piensa en ello, créelo", el mantra resuena,
Domina el poder, deja que el deseo te ordena.
Porque en la ciencia de la vibración humana,
Se encuentra la clave de la creación temprana.

Como un diapasón, nuestros pensamientos vibran,
Enviando ondas que al universo estiman.
La energía fluye en frecuencias que emitimos,
Y en lo que enfocamos, eso es lo que vivimos.

La creencia es el catalizador, la chispa vital,
Que desata el poder y alinea lo esencial.
Cuando el pensamiento se une a la intención,
Abrimos la puerta a la manifestación.

Visualiza la vida que deseas tener,
Con claridad y enfoque, déjala florecer.
Siente su fuerza, deja que sea real,
Y la mente y el mundo fluirán sin igual.

Pero cuidado, la duda puede nublar,
Bloquear la energía, impedir brillar.

Mantén tu visión, confía sin cesar,
Y verás cómo el mundo empieza a cambiar.

Pensamientos de abundancia, de amor y gratitud,
Se elevan al cielo con divina virtud.
Domina el poder, deja a tu mente volar,
Y los milagros, sin duda, verás llegar.

El universo escucha y responde al llamado,
Alinea las estrellas, derriba el pasado.
"Piensa en ello, créelo", deja vibrar,
Y tu realidad pronto vas a transformar.

Conéctate al poder de la vibración humana,
Abraza su ciencia, tu fuerza temprana.
Piensa, cree, y deja a tus sueños volar,
Mientras doblas la realidad a tu voluntad sin dudar.

CREANDO TU PROPIA REALIDAD

(Creating Your Own Reality)
por Maria L. Ellis, BBA, MBA

En el reino donde la intención y la mente se hallan,
Comienza una danza donde los sueños estallan.
Pues cuando alineamos los pensamientos con precisión,
Surge la magia: una sublime transformación.

Con intención enfocada, los sueños se aferran,
El universo escucha, sus secretos destierran.
Cada pensamiento, cada deseo emitido,
Se convierte en fuerza, en poder sin sentido.

Cuando el pensamiento se alinea con pureza total,
La energía fluye, el camino es real.
Los obstáculos caen, los senderos se abren,
Y la visión del alma, los miedos deshacen.

Alineado al propósito, el corazón se enciende,
Una llama de pasión que nunca se rinde.
El universo conspira, las estrellas ordena,
Guía nuestros pasos, despeja la condena.

En este estado de perfecta armonía,
Descubrimos la fuerza que nos guía.
Pensamientos y acciones, al unísono van,
Milagros se gestan, sin dudar ni afán.

Con intención firme como brújula fiel,
Trazamos caminos hacia el amanecer.
Las posibilidades infinitas están,
Y alinear la mente nos hace triunfar.

La ley de atracción, en acción perpetua,
Trae bendiciones, amor que perpetua.
Atraemos alegría, abundancia y bondad,
Con pensamientos de fe y claridad.

Alinea tus pensamientos con firme creer,
Deja ir la duda, permite renacer.
Pues cuando la mente y la intención se hallan,
Mil mundos posibles ante ti se estallan.

En esta danza divina de alineación,
Descubrimos la esencia de la creación.
Deja que tus intenciones marquen el andar,
Y verás la magia de tu vida brillar.

EL UNIVERSO ESCUCHA

(The Universe Listens)
por Maria L. Ellis, BBA, MBA

En la vasta extensión del mar cósmico y profundo,
Nuestras intenciones enfocadas mueven el mundo.
Porque el Universo escucha, percibe el llamado,
Y responde con gracia, a todo ser amado.

Cuando la mente se alinea con propósito y poder,
El Universo capta su brillo al amanecer.
Recoge los deseos, como susurros del viento,
Y teje su magia con divino aliento.

Con intención enfocada, los pensamientos vuelan,
Guiados por fuerzas celestiales que consuelan.
El Universo entrelaza los hilos del destino,
Y hace florecer los sueños, en su camino divino.

Como ondas que se expanden en un estanque sereno,
Nuestras intenciones viajan, cruzando lo terreno.
El Universo las recibe, las hace vibrar,
Y crea oportunidades donde no las hay.

El Universo escucha el clamor del corazón,
Reconoce el anhelo, siente la pasión.
Desea ver nuestros sueños tomar forma y vida,
Y conspira en silencio para abrir la salida.

Con cada intención que lanzamos al viento,
El Universo responde con justo movimiento.
Envía señales y sincronías sutiles,
Que nos guían seguros hacia fines gentiles.

A veces responde con un toque ligero,
Un susurro del alma, un impulso sincero.
Otras veces con fuerza, grandioso y real,
Una manifestación de deseo celestial.

Pero ten certeza, el Universo contesta,
Nunca rechaza la fe que se manifiesta.
Baila con las estrellas, pinta el firmamento,
Y crea realidades con puro sentimiento.

Así que fija tus intenciones con fe absoluta,
Y verás al Universo traer paz impoluta.
En la sinfonía de la vida, llevamos el compás,
Y el Universo responde, vibrando en paz.

Con intención enfocada, los sueños alzan vuelo,
Y el Universo responde, elevando su anhelo.
Confía en el proceso, suelta y descansa,
Porque el Universo escucha — y siempre te alcanza.

SUEÑA EN GRANDE

(Dream Big)
por Maria L. Ellis, BBA, MBA

En el reino de los sueños, donde habita la magia,
El Universo se mueve con divina sinergia.
Pinta un lienzo con tonos jamás vistos,
Dando vida a deseos, profundos y místicos.

A veces susurra con brisa ligera,
Guiando el camino que el alma espera.
Un encuentro fortuito, un alma afín,
Un instante perfecto que nos une al fin.

Otras veces ruge cual tormenta feroz,
Rompiendo barreras con firme voz.
Una oportunidad toca a nuestra puerta,
Abriendo horizontes, la vida despierta.

El Universo se expresa con signos y señales,
Lenguaje sagrado, en formas astrales.
Una estrella fugaz cruza el cielo brillante,
Concediendo deseos al alma anhelante.

Teje patrones en el tapiz del destino,
Alinea las estrellas con arte divino.
Una sincronicidad nos deja asombrados,
Trazando caminos, todos conectados.

El Universo se manifiesta en la fe profunda,
Cuando confiamos sin pena ni duda.
Trae abundancia en formas imprevistas,
Creando milagros con manos artistas.

Un empleo soñado que llega sin aviso,
Un encuentro fortuito en el justo preciso.
Un logro inesperado tras la adversidad,
El Universo actúa con generosidad.

Se revela también en la belleza natural,
Un atardecer dorado, celestial.
Una flor que florece con calma y dulzor,
Nos recuerda que el sueño tiene valor.

El Universo obra con el poder del amor,
Uniendo almas con eterno fervor.
Un lazo que trasciende tiempo y espacio,
Un vínculo eterno, puro y audaz.

Confía en los misterios del Universo infinito,
Que manifiesta sueños con pulso bendito.
Entre susurros y truenos, señales y unión,
Trae los deseos a la manifestación.

Porque el Universo es generoso y fiel,
Cumple los sueños bajo su dosel.
Así que sueña en grande, sin titubear,
Y verás al Universo... contigo brillar.

TECNOLOGÍA, ¿AMIGA O ENEMIGA?

(Technology, Friend or Foe?)
por Maria L. Ellis, BBA, MBA

En un mundo abrazado por la tecnología avanzada,
Exploramos lo posible, con pasión desbordada.
Ella guarda el poder de extender nuestra vida frágil,
Y abrir las puertas a un futuro casi inmortal y ágil.

Con la ciencia médica en constante evolución,
Buscamos vencer toda aflicción.
Nanobots que viajan dentro de la piel,
Reparando células, devolviéndonos el bien.

La edición genética, herramienta sin igual,
Desbloquea secretos del código vital.
CRISPR-Cas9, bisturí molecular preciso,
Corrige mutaciones, reescribe el paraíso.

La inteligencia artificial, prodigio sin frontera,
Promete ayudarnos de forma sincera.
Algoritmos sabios, de aprendizaje profundo,
Descifran patrones, comprenden el mundo.

La realidad virtual, un portal fascinante,
Donde el alma viaja, libre y vibrante.
En paisajes digitales de asombro total,
Trascendemos límites del plano terrenal.

La robótica y la automatización en expansión,
Crean un futuro lleno de innovación.
Compañeros androides que alivian la carga,
Y cirugías precisas donde la ciencia embarga.

La biotecnología, un sueño sin fin,
Crea órganos nuevos para un cuerpo afín.
Tejidos de laboratorio, corazones renacidos,
Restauran la vida a seres perdidos.

La computación cuántica, de poder infinito,
Opera en dimensiones que el ojo no ha visto.
Resuelve enigmas en un instante fugaz,
Liberando saber que el tiempo no da.

Con estos logros, la vida se puede alargar,
Y la tecnología parece siempre ayudar.
Pero recordemos, en este afán divino,
Que la humanidad es nuestro mejor camino.

Pues la tecnología no puede amar,
Ni llenar el alma al conversar.
Que el progreso sirva para elevar la existencia,
Sin perder jamás la esencia y conciencia.

Avancemos con sabiduría y compasión,
Creando un futuro con equilibrio y razón.
En un mundo donde el hombre y la máquina se abrazan,
Que reine la armonía... y los valores no fracasan.

UNA DANZA DE HUMANIDAD Y MÁQUINAS

A Dance of Humanity & Machines)
por Maria L. Ellis, BBA, MBA

En un mundo de cables y circuitos sin fin,
Donde la tecnología proyecta su confín,
Buscamos consuelo en la conexión sincera,
Entre los milagros de la era entera.

En el reino de algoritmos y mentes creadas,
La conexión humana es la más sagrada.
Pues en medio de esta sinfonía digital,
El roce de una mano nos libera del mal.

En un mundo donde las pantallas separan miradas,
La conexión humana enciende las jornadas.
Una sonrisa, un abrazo, una conversación sentida,
Son las teclas del alma que dan vida.

Entre el zumbido de la automatización,
Anhelamos sentir, tener corazón.
El alma busca otra alma con pasión,
Abrazando la vulnerabilidad sin condición.

La inteligencia artificial puede aprender y prever,
Pero el corazón humano sabe comprender.
Las emociones que brotan, la compasión que enciende,
Son los tesoros que la vida defiende.

No temamos, pues, el avance tecnológico,
Puede fortalecer lo humano y lógico.

A través de pantallas y redes virtuales,
Acortamos distancias, borramos males.

Mas en esta danza entre humano y máquina fiel,
Recordemos la belleza que hay en él.
En los gestos sinceros, en el afecto profundo,
Se halla el sentido del amor en el mundo.

Cuidemos los lazos que el alma sostiene,
En esta era brillante que todo lo tiene.
La tecnología crece, la IA florecerá,
Pero la conexión humana siempre brillará.

En medio del progreso que avanza sin fin,
Valoremos el calor que hay en el jardín.
Pues entre el brillo frío del arte artificial,
El toque humano hace la vida celestial.

MEJORANDO LA CONECTIVIDAD

(Enhancing Connectivity)
por Maria L. Ellis, BBA, MBA

En esta era de maravillas, donde la tecnología florece,
Teje un tapiz donde la conexión humana engrandece.
A través de cables y ondas, extiende su alcance,
Mejorando la conectividad, en un mágico balance.

Las redes sociales, donde los amigos se unen,
La distancia se disuelve, las almas se reúnen.
Compartimos historias, alegrías y dolor,
Construyendo puentes digitales con empatía y amor.

Las videollamadas, un lazo en la distancia,
Acercan a los seres queridos con esperanza.
Familias reunidas, aunque el mar las separe,
El abrazo tecnológico el alma repara.

Comunidades en línea, donde las pasiones coinciden,
Espíritus afines en intereses que los guíen.
Del arte al deporte, cada voz tiene lugar,
El abrazo tecnológico invita a conectar.

La colaboración florece en espacios virtuales,
La innovación surge de mentes globales.
Desde todos los rincones, ideas convergen,
Y en la red digital, las creaciones emergen.

La educación trasciende fronteras sin fin,
El saber se comparte en un solo jardín.
Aulas virtuales que la mente expanden,
Donde la curiosidad y el saber se agranden.

Con dispositivos que al cuerpo vigilan,
La salud y el bienestar se perfilan.
La tecnología guía nuestros pasos y acciones,
Conectando cuidado, cuerpo y emociones.

En tiempos de crisis, la tecnología une,
Su ayuda vital nos sostiene y reúne.
Alertas y datos, información al instante,
Nos cuida y protege en su pulso constante.

De incontables maneras, la conexión florece,
En cada rincón, la vida enriquece.
Mas recordemos, en este mar digital,
Que el corazón humano es el lazo vital.

CELEBREMOS EL PROGRESO
DE LAS MUJERES

(Let's Celebrate Women's Progress)
por Maria L. Ellis, BBA, MBA

En el año 2024, las mujeres se alzan libres y fuertes,
Su progreso brilla en todas las vertientes.
Comparado con los 1900, qué gran diferencia,
Hoy los derechos de las mujeres gozan de presencia.

En los años 1900, lucharon por su voz,
Por el derecho al voto, su causa feroz.
Marcharon y alzaron su grito valiente,
Exigiendo ser oídas, firmes y conscientes.

Pero en 2024, las mujeres han volado,
Rompiendo barreras, todo lo han logrado.
Líderes en política, negocios y ciencia,
Su fuerza ilumina con resplandecencia.

En la política, hoy tienen el mando,
Gobiernan naciones con amor y comando.
De Angela Merkel a Jacinda Ardern,
Su liderazgo inspira, nos hace aprender.

En el mundo empresarial, brillan sin fin,
Creando imperios con poder y confín.
De Oprah Winfrey a Sheryl Sandberg,
Demuestran que el éxito no tiene gender.

En ciencia y tecnología, su huella es fiel,
Rompen estereotipos, suenan el laurel.

Katherine Johnson y Marie Curie,
Sus logros definen nuestra realidad aquí.

En los deportes, dominan con pasión,
Su talento y esfuerzo son inspiración.
Serena Williams y Simone Biles,
Sus triunfos nos llenan de sonrisas vitales.

Pero más allá de nombres y hazañas,
Recordemos su avance en todas las campañas.
De la educación al arte, del derecho al sanar,
Sus contribuciones no dejan de asombrar.

En 2024, su progreso es verdad,
Aún queda camino, pero hay dignidad.
Con cada año rompen el molde impuesto,
Empoderando generaciones, dejando un gesto.

Celebremos entonces su avance logrado,
Sigamos apoyando su rumbo trazado.
Porque en el estado de la mujer hallamos,
Un futuro más justo para todos los humanos.

ROMPIENDO TECHOS DE CRISTAL

(Shattering Glass Ceilings)
por Maria L. Ellis, BBA, MBA

En el reino de la ciencia y la tecnología sin igual,
Las mujeres brillan con luz celestial.
Sus descubrimientos e innovaciones profundas,
Han dado forma al mundo, abriendo segundas.

Marie Curie, pionera de corazón,
Descubrió la radiactividad con dedicación.
Su trabajo con radio y polonio sutil,
Revolucionó la ciencia en su perfil.

Rosalind Franklin, heroína sin igual,
Capturó el ADN en su forma espiral.
Su imagen del doble hélice mostró,
La base genética que el mundo cambió.

Hedy Lamarr, actriz e inventora genial,
Creó la "salto de frecuencia" instrumental.
Su invención dio origen al Wi-Fi moderno,
Un legado brillante y eterno.

Ada Lovelace, primera programadora fiel,
Concibió algoritmos con visión de miel.
En el motor analítico de Babbage trabajó,
Y las bases de la informática sembró.

Miremos ahora al mundo empresarial,
Donde las mujeres destacan sin igual.
Indra Nooyi, en PepsiCo reinó,
Como CEO su huella dejó.

Sheryl Sandberg, en Facebook brilló,
Y con *Lean In* a muchas inspiró.
Su mensaje de liderazgo y acción,
Encendió en mujeres la superación.

En la política también dejaron señal,
Guiando naciones con temple y moral.
Angela Merkel, canciller ejemplar,
Con firmeza a Alemania supo guiar.

Jacinda Ardern, líder de Nueva Zelanda,
Gobernó con empatía y mano blanda.
Su respuesta ante la tragedia mostró,
Que el liderazgo con amor transformó.

Estas mujeres, y muchas más en honor,
Rompen techos de cristal con fervor.
En ciencia, negocios, política y razón,
Su aporte es vital para la evolución.

Sus logros abren camino al porvenir,
Donde el género no será freno al existir.
Celebremos su ejemplo y su inspiración,
Mujeres que cambian el mundo con pasión.

VIRTUDES

(Virtues)
por Maria L. Ellis, BBA, MBA

En el reino de las virtudes, dejémonos guiar,
Poniendo la mente en lo que nos hace elevar.
La sabiduría, faro que ilumina el andar,
Con conocimiento y visión para progresar.

En busca de sabiduría, debemos hallar,
Los misterios del mundo que nos hacen pensar.
Como Sócrates, que con preguntas sutiles,
Descubrió verdades entre líneas gentiles.

Luego, el autocontrol, fortaleza interior,
Que vence las tentaciones con fervor.
Como Buda, que halló la paz interior,
Dominando deseos, alcanzó el amor.

La justicia, pilar de toda sociedad,
Donde reine la equidad y la verdad.
Como Martin Luther King Jr., luchador fiel,
Por los derechos civiles alzó su papel.

El valor, llama que en el alma arde,
Para enfrentar los retos, sin que nada nos guarde.
Como Malala, que por la educación habló,
Desafiando la opresión, su historia brilló.

Con estas virtudes en mente y corazón,
Guiamos la vida con justa dirección.
Sabiduría, templanza, justicia y valor,
Forjan un mundo de paz y amor.

Pues al enfocar la mente en estos ideales,
Crearemos un mundo donde el bien no falle.
Y como los héroes que vinieron ayer,
Dejaremos un legado que inspire al renacer.

CREANDO UN MUNDO INIGUALABLE

(Creating a World Beyond Compare)
por Maria L. Ellis, BBA, MBA

En un mundo donde la oscuridad puede reinar,
Emprendamos un relato digno de contar.
Una historia de esperanza, donde el bien florece,
Y el amor y la compasión nunca perecen.

Con corazones unidos, pintemos un nuevo amanecer,
Un lienzo de bondad, donde el odio deje de ser.
Pues en lo profundo del alma está la clave,
Para crear un mundo donde el bien se alabe.

Plantemos semillas de empatía y cuidado,
Nutriendo la compasión en todo lado.
Como ondas que se expanden en el mar,
Tocando corazones, uniéndolos sin cesar.

Que la justicia sea la guía del andar,
Donde reine la igualdad sin cesar.
Rompiendo las cadenas de la opresión,
Hallamos en la unidad nuestra redención.

El valor, faro que ilumina el destino,
Nos guía firmes por cualquier camino.
Con resolución, erguimos la frente,
Derribando muros valientemente.

Juntos construiremos un legado eterno,
Donde reine el bien y el recuerdo sea tierno.
Un legado de amor, bondad y compasión,
Que trascienda el tiempo, con dulce emoción.

Así pues, esforcémonos sin dudar,
Por crear un mundo sin igual.
Donde el bien prevalezca y el mal se esconda,
Dejando un legado que siempre responda. 🌍 ✨

SUELTA EL CONTROL

(Let Go of Control)
por Maria L. Ellis, BBA, MBA

Cuando los bloqueos internos te atan sin fin,
Y el fluir de la vida parece tener su fin,
Libera las cadenas que aprisionan tu ser,
Y descubre el camino que te hará renacer.

Para fluir con la vida, suelta el control,
Abraza lo incierto con fe y valor.
Pues en la entrega hallarás liberación,
Y cesarán los bloqueos del corazón.

Permanece presente, en el ahora confía,
Entre el caos, halla tu armonía.
Si las cosas no salen como esperas,
Busca las lecciones, suelta las quimeras.

Los giros de la vida vienen a enseñar,
Y hacia la verdad te quieren guiar.
Abraza los retos, aprende del dolor,
Y sintoniza tu alma con su propio tambor.

En la quietud de cada respirar,
Encuentra consuelo, deja de luchar.
Suelta las cargas que nublan tu mente,
Confía en el viaje, avanza valiente.

El fluir de la vida nunca es igual,
Adáptate y crece, sin miedo al final.
Permanece presente, sereno y consciente,
Ante cada obstáculo, sé resiliente.

Que la gratitud ilumine tu andar,
Aun cuando el camino te haga dudar.
Suelta la necesidad de controlar el destino,
Y deja que el universo trace su camino.

En la danza de la vida, abraza lo desconocido,
Con el corazón abierto y el espíritu encendido.
Libera los bloqueos, deja tu alma volar,
Y fluye con el ritmo de tu propio despertar.

BUSCANDO Y ENCONTRANDO CONSUELO

(Seeking & Finding Solace)
por Maria L. Ellis, BBA, MBA

En medio del caos y la agitación,
Donde habitan la preocupación y la confusión,
Existe un refugio de calma y sosiego,
Un santuario donde reina el sosiego.

Entre la tormenta que ruge sin fin,
Busca consuelo donde brote el jardín.
En el abrazo de la naturaleza hallarás,
La armonía y la quietud que anhelarás.

Bajo el dosel de árboles tan altos,
Deja que susurros calmen tus saltos.
Siente la brisa suave sobre tu piel,
Llevando tus penas, disipando el laurel.

En la vastedad del océano inmenso,
Encuentra consuelo en su vaivén intenso.
Deja que las olas tus miedos borren,
Y que tu espíritu en pureza se socorra.

En los rincones callados de un lugar sagrado,
Halla consuelo en el silencio callado.
Medita, respira, déjate llevar,
Permite que la paz interior pueda brotar.

Busca consuelo en los seres amados,
Donde los lazos son sinceros y consagrados.

En su apoyo y comprensión hallarás,
El refugio que a tu mente aliviarás.

A través del arte y la música hallarás,
La puerta del consuelo que abrirás.
En el trazo del pincel o en la nota musical,
Descubre el alivio que te hará brillar.

Encuentra consuelo en las páginas de un libro,
Donde viajan historias y sueños al filo.
Sumérgete en cuentos de alma profunda,
Y olvida el caos que el mundo difunda.

En actos de bondad hallarás consuelo fiel,
Ofrece una mano, haz el bien por él.
Pues al dar, el alma se llena de paz,
Y en la compasión, la calma hallarás.

Así, entre el caos y la confusión,
Busca consuelo, hazlo tu misión.
Porque en los momentos de calma y de unión,
Encontrarás la fuerza para tu redención.

RELAJÁNDOSE EN EL MOMENTO PRESENTE

(Relaxing into the Present Moment)
por Maria L. Ellis, BBA, MBA

En el reino del aprendizaje y su abrazo,
Donde la resistencia encuentra su espacio,
Buscamos el sendero hacia orillas de calma,
Donde la aceptación florece y al alma embalsama.

Con el corazón abierto comenzamos a aprender,
A soltar las mareas que nos hacen doler.
Liberamos las olas de la emoción contenida,
Y hallamos la paz interior tan bienvenida.

En el plano físico comenzamos a explorar,
Meditaciones que sanan y hacen restaurar.
Liberando tensiones con cada respiración,
Hallamos la libertad en cada exhalación.

Entre olas de energía aprendemos a fluir,
Liberando bloqueos que impiden sentir.
Con atención plena dejamos ir el dolor,
Y el alma asciende a un plano superior.

A través de la práctica y la dedicación,
Descubrimos la llave de la liberación.
Relajándonos en el instante presente,
La gratitud nos vuelve más conscientes.

Aprendiendo a soltar, hallamos el camino,
De aceptar cada día como un destino.

En la danza de la vida hallamos compás,
Y la resistencia se disuelve en paz.

Emprendamos juntos esta travesía,
De soltar lo que ya no da alegría.
Aprendiendo prácticas que liberan el ser,
Para aceptar con calma, sin retroceder.

En este reino de meditación y aprender,
Hallamos la senda que nos hace renacer.
Abrazando cada instante al llegar,
Con el corazón abierto, volvemos a amar.

ABRAZANDO CADA MOMENTO

(Embracing Each Moment)
por Maria L. Ellis, BBA, MBA

En el reino donde el tiempo abraza,
Donde los momentos tejen su fina traza,
Habita la sabiduría, pura y sincera,
En abrazar cada instante, de cualquier era.

Pues en el presente, la vida se despliega,
Un tapiz de historias que el alma entrega.
Cada segundo fugaz, un joyel divino,
Para atesorar en nuestro camino.

El pasado se desvanece en la neblina,
El futuro es promesa aún divina,
Pero el presente guarda la llave fiel,
Para revelar la belleza del ser.

En cada respiro habita un universo,
Una sinfonía de momentos inmersos.
Risas, lágrimas y todo entre medio,
La riqueza de la vida en su propio nido.

Al abrazar cada momento hallamos,
Un santuario donde descansamos.
Las preocupaciones se disuelven, las sombras se van,
Y en la belleza del ahora, en paz estamos ya.

Sin la carga del arrepentimiento pasado,
Ni el temor del futuro anticipado,
Bailamos con gracia en la melodía,
Del ritmo eterno de la vida en armonía.

En la alegría saboreamos cada instante,
En la tristeza hallamos consuelo vibrante.
Porque cada momento posee su don,
Un regalo precioso en la creación.

Así que detengámonos y respiremos,
Abracemos el instante que tenemos.
Pues en el presente vivimos de verdad,
El don sagrado de la eternidad.

En el tapiz del arte de existir,
Hallamos la sabiduría de fluir.
Abrazando cada momento al venir,
Descubrimos la belleza de sentir.

Celebremos esta danza sagrada,
Abracemos la vida, jornada a jornada.
Porque en el presente hallamos el ser,
Y en cada día, volvemos a renacer.

ELIGE LA GRATITUD

(Choose Gratitude)
por Maria L. Ellis, BBA, MBA

En el reino de nuestra mente interior,
Baila un torbellino de emoción y temor.
Una relación tensa con la vida entera,
Una lucha constante, una guerra sincera.

Pero en las profundidades de esa contienda,
Yace una verdad que al alma enmienda.
Pues cuando soltamos la negatividad,
Surge la transformación, brilla la claridad.

En el ámbito práctico del día a día,
La sabiduría sencilla nos guía.
Aprecia la belleza de cada amanecer,
Deja las preocupaciones desaparecer.

Encuentra consuelo en los placeres sencillos,
La brisa suave, el juego de los chiquillos.
Abraza el presente, suelta el ayer,
Libera tu mente, deja fluir el ser.

Detente y respira en momentos de tensión,
Encuentra calma en la introspección.
Porque en el silencio mora la verdad,
Y en la quietud nace la serenidad.

Elige la gratitud como tu farol,
En cada reto, busca su arrebol.
Cambia la mirada, encuentra el brillo,
Y verás florecer el resplandor sencillo.

La sabiduría de Eckhart nos viene a enseñar,
A elevarnos del dolor y dejarlo pasar.
Abraza la vida con el corazón abierto,
Y deja que el amor sea tu puerto.

Busquemos juntos la fuente de la luz,
Salgamos del miedo, del ego y su cruz.
Porque en este cambio, el alma despierta,
Y un mundo de paz y alegría se oferta.

VIVIENDO EN UN ESTADO HERMOSO

(Living in a Beautiful State)
por Maria L. Ellis, BBA, MBA

En un mundo de infinitas elecciones al andar,
Nos encontramos en cruces por decidir y actuar.
Para vivir en un estado hermoso, debemos optar,
Por la gratitud abrazar y dejar el alma volar.

Cada célula en nuestro ser, un milagro sin igual,
Una sinfonía de vida, un tesoro celestial.
Seamos agradecidos por cada respiro, cada palpitar,
Apreciando la salud, don que hay que honrar.

En un estado hermoso hallamos alegría,
En cosas simples, llenas de armonía.
La risa de un niño, la canción del viento,
La flor que florece, el amanecer lento.

Vivir en un estado hermoso es elegir la paz,
Soltar las cargas y el miedo fugaz.
Encontrar quietud en la mente interior,
Un oasis tranquilo, un refugio de amor.

Las decisiones moldean nuestro destino final,
Elegir un estado hermoso es un acto vital.
Optemos por la gratitud y la gracia sincera,
Viviendo la belleza de la vida entera.

LAS DECISIONES TIENEN PODER

(Decisions Hold Power)
por Maria L. Ellis, BBA, MBA

En el reino de las elecciones, el destino se revela,
Cada decisión que tomamos, la vida modela.
Pues en las manos del elegir se traza el sendero,
Que nos guía al triunfo o al aprendizaje sincero.

Las decisiones tienen poder, como estrella guía,
Moldean la jornada, de noche y de día.
En cada encrucijada debemos pensar,
Con sabiduría el camino trazar.

Las cosas simples traen gozo y calor,
Como un abrazo que borra el dolor.
La brisa suave en la mejilla de verano,
O la risa de un ser amado cercano.

El aroma de flores en campos sin fin,
El sabor de frutas dulces en su jardín.
El amanecer pintando el cielo brillante,
O la noche estrellada, calma y vibrante.

La caricia de la arena bajo los pies,
O la lluvia que cae con su suave estrés.
Un libro que atrapa y nos hace volar,
O una charla sincera que invita a soñar.

En las decisiones reside el poder del ser,
De elegir el amor y dejar de temer.
De abrazar la vida y toda ocasión,
Y aprender del error con comprensión.

Valoremos las simples dichas del día,
Y decidamos con fe y alegría.
Porque al forjar nuestro propio destino,
Hallamos propósito y gozo divino.

EL ARTE DEL PLENITUD

(The Art of Fulfillment)
por Maria L. Ellis, BBA, MBA

En el reino de la ciencia, el logro alza vuelo,
Mentes diligentes buscan el saber más bello.
Con investigación y descubrimiento sin cesar,
Desentrañamos misterios, nos atrevemos a explorar.

En laboratorios y ecuaciones florece el progreso,
Rompemos barreras con empeño y proceso.
De teorías a inventos, seguimos creando,
Un legado de sueños, siempre inspirando.

Pero más allá del ámbito de la razón,
Existe un arte, nacido del corazón.
El arte del plenitud, del propósito hallado,
Donde el alma respira, su ser iluminado.

El logro por sí solo no otorga la paz,
El arte del plenitud la calma verás.
En los momentos de gozo y unión sincera,
Surge la dicha verdadera y duradera.

El arte del plenitud vive en lo simple,
En la risa de un niño, pura y visible.
En la charla profunda con un amigo fiel,
Donde el tiempo se detiene y reina el bien.

Está en la belleza de la naturaleza inmensa,
Donde la maravilla despierta la conciencia.
El atardecer pintando el cielo con amor,
O la noche estrellada que inspira fervor.

El arte del plenitud florece en gratitud,
En contar bendiciones con humilde virtud.
En servir con entrega, en dar sin esperar,
Marcando la diferencia al caminar.

Abracemos la ciencia y también el arte,
Pues ambas completan nuestra gran parte.
Con conocimiento y propósito al andar,
Crearemos un futuro donde los sueños brillarán.

EMOCIONES QUE EMPODERAN

(Empowering Emotions)
por Maria L. Ellis, BBA, MBA

En el reino de las emociones, el poder reside,
Donde la fuerza y el valor en nosotros coinciden.
Emociones que empoderan, iluminan el ser,
Encendiendo un fuego que nos hace renacer.

Cuando el amor nos toma, su fuerza es divina,
Un sentimiento puro, como luz cristalina.
Nos eleva alto, nos da alas para volar,
Trayendo alegría y calor sin cesar.

Frente al miedo, surge el valor radiante,
Un destello de coraje, faro brillante.
Nos impulsa a vencer la duda interior,
Rompiendo barreras con fe y fervor.

La esperanza es llama que nunca se apaga,
Una chispa de fe que al alma embriaga.
Alimenta los sueños, mantiene el afán,
Guiando en la oscuridad hacia un nuevo amanecer.

La compasión, virtud que al alma acaricia,
Acto de amor que la vida enaltece y propicia.
Una mano tendida, un abrazo sincero,
Empatía que deja un legado verdadero.

La felicidad, estado que eleva el corazón,
Sensación de libertad, pura emoción.
En la risa y sonrisas compartidas,
Hallamos la dicha de nuestras vidas.

El coraje, la resiliencia y la confianza fiel,
Emociones que impulsan, que nos dan poder.
Alimentan la fuerza, despiertan pasión,
Y nos guían firmes hacia la superación.

Abracemos, pues, estas emociones sagradas,
Como pociones mágicas, en el alma guardadas.
Porque en su presencia hallamos virtud,
Creando una vida de fuerza y plenitud.

ELEVANDO EL VUELO
HACIA NUEVAS ALTURAS

(Soaring to New Heights)
por Maria L. Ellis, BBA, MBA

En el viaje de la vida, las emociones florecen,
Empoderando el corazón, valientes nos engrandecen.
Guían nuestros pasos entre gozo y dolor,
Desatando el potencial, encendiendo el amor.

La esperanza, faro en la noche sombría,
Un destello de luz que el alma alumbra y guía.
Susurra promesas de un mañana mejor,
Llenando el corazón de júbilo y fervor.

Nos eleva del abismo cuando todo parece caer,
Infunde fuerza al alma, nos impulsa a renacer.
Con esperanza en el pecho, logramos vencer,
Desafiando obstáculos con fe y con querer.

El amor, sinfonía de emociones sin fin,
Sentimiento puro, dorado y sutil.
Abrazo cálido que completa el ser,
Conexión profunda que enseña a creer.

El amor es brisa suave en día de estío,
Acaricia el alma con toque tenue y pío.
Es refugio sereno del temporal,
Un lazo que abriga con bien celestial.

Es la risa que inunda el aire ligero,
Los instantes tiernos que dan lo verdadero.

Lenguaje sin voz, melodía sin fin,
Que canta el alma como un ruiseñor sutil.

Emociones que empoderan, moldean el andar,
Regalando fuerza al alma al amar.
Con esperanza y amor hallamos la vía,
Transformando la vida con armonía.

Abracemos, pues, estas emociones sinceras,
Que guían el alma entre noches y eras.
Con esperanza y amor como faro y canción,
Elevemos el vuelo del corazón.

EMOCIONES QUE DESEMPODERAN

(Disempowering Emotions)
por Maria L. Ellis, BBA, MBA

En las sombras de la duda, el desaliento habita,
Una falacia que persiste, donde la esperanza marchita.
Estas emociones engañan, desvían del sendero,
Atando el espíritu en un velo sombrío y austero.

El miedo, maestro de ilusión y engaño,
Aferra el corazón con su lazo extraño.
Susurra fracaso con cada paso que das,
Dejando el alma inmóvil, sin poder avanzar.

El arrepentimiento, fantasma del ayer,
Nos carga con memorias difíciles de entender.
Entierra los sueños en tumbas del dolor,
Encerrando el alma en un ciclo de temor.

La duda propia, voz cruel y persistente,
Debilita el valor, confunde la mente.
Cuestiona talentos, desalienta acción,
Y apaga la chispa de la superación.

Emociones que desempoderan, detienen el andar,
Pintan el mundo en tonos de oscuridad.
Ciegan las metas, nublan la visión,
Y frenan el alma en su evolución.

Mas no debemos caer en su trampa sutil,
Pues dentro de nosotros arde un fuego febril.
Podemos renacer, como fénix ardiente,
Liberando el poder que habita en la mente.

Elige el coraje frente al miedo opresor,
Deja atrás el pesar y abraza el fervor.
Cree en ti mismo, rompe la prisión,
Y reclama tu fuerza con determinación.

Aunque las emociones busquen dominar,
No podrán tu llama interna apagar.
Con resiliencia y fe vencerás el mal,
Reescribiendo tu historia hacia un bien vital.

Arroja las sombras del desaliento y el miedo,
Abraza tu poder con amor y denuedo.
Porque en tu esencia vive la verdad,
De crear tu destino con libertad.

LA CLAVE PARA SUPERAR EL DESEMPODERAMIENTO

(The Key to Overcoming Disempowerment)
por Maria L. Ellis, BBA, MBA

En lo más profundo del alma, habitan emociones que oprimen,
Atan el espíritu, lo cierran, lo reprimen.
Susurran dudas, siembran temor,
Dejan el alma inmóvil, sin dirección ni vigor.

Como cadenas pesadas sobre el corazón,
Las emociones desempoderantes causan división.
Nos alejan del ser que podemos llegar a ser,
Encerrándonos en un ciclo difícil de romper.

Pero en medio de esa oscuridad, una llave brilla,
Capaz de liberar al alma que se humilla.
Es la autoconciencia, luz que guía,
El poder interior que todo lo alinea.

Para vencer estas emociones, debemos mirar,
Reconocer su presencia, sin negar.
Porque en la conciencia habita el poder,
De elegir y elevarnos, de renacer.

Con autocompasión sanamos heridas,
Abrazando nuestras fallas, partes perdidas.
En la aceptación se encuentra el valor,
Y en la vulnerabilidad, florece el amor.

Buscando apoyo hallamos conexión,

En brazos de afecto y comprensión.
A través de la empatía, nos elevamos,
Y con ternura, el alma restauramos.

La autorreflexión se vuelve luz divina,
Que ilumina pensamientos y disciplina.
Cuestiona creencias que nos limitan,
Y las transforma en verdades que nos animan.

La atención plena, fiel compañera,
Nos ancla en el presente, alma sincera.
Ante la tormenta, calma traerá,
Y con claridad el alma actuará.

En este viaje hacia la liberación,
Descubrimos fuerza en el corazón.
Ya sin las cadenas del desaliento,
Reclamamos poder con fundamento.

Soltemos, pues, los lazos del miedo,
Liberemos el espíritu del enredo.
Porque dentro de nosotros brilla la llave,
Que abre la puerta a la libertad que nos salve.

ENFOQUE Y ENERGÍA

(Focus and Energy)
por Maria L. Ellis, BBA, MBA

En el reino de los pensamientos y los sueños,
La verdad susurra en ríos pequeños.
Donde el enfoque va, la energía fluye,
Un poder interno que el alma construye.

Cuando dirigimos la mirada con intención,
La energía surge con gran expansión.
Como un río firme que fluye sin cesar,
Nuestro enfoque moldea la realidad al pasar.

En cada instante una elección tomamos,
Dejar que el enfoque vague o lo afirmamos.
Pero al reconocer el poder interior,
Nuestros sueños se abren con resplandor.

Con mente enfocada, manifestamos,
La energía en la que nos dedicamos.
Pues aquello a lo que damos atención,
Crece y se eleva en expansión.

Si en lo negativo decidimos pensar,
Esa sombra empezará a germinar.
Mas si al positivo logramos girar,
La energía fluye y nos hace brillar.

Ante los retos que puedan surgir,
El enfoque hallará la forma de seguir.
Con visión clara y determinación,
La energía se alinea con nuestra misión.

Elijamos con sabiduría y devoción,
A qué pensamientos damos dirección.
Porque en esa conciencia se abre el portal,
A un mundo de sueños y bien celestial.

Con energía enfocada, creamos el destino,
Manifestamos los sueños del camino.
Cree en el poder que en ti está escondido,
Y verás tu mundo transformado y fluido.

Recuerda, alma bella, en tu transitar,
Donde el enfoque va, la energía irá.
Domina ese poder, abraza lo divino,
Y crea una vida con propósito y destino.

LA BELLEZA DE LA INTENCIÓN

(The Beauty of Intention)
por Maria L. Ellis, BBA, MBA

En el reino del propósito y la intención,
Surge la belleza, como aroma en expansión.
Cuando dirigimos la mirada con claridad,
El mundo revela su majestad.

Imagina al artista, pincel en la mano,
Creando una obra, un sueño humano.
Con cada trazo, con cada color,
Da vida al lienzo, transmite amor.

O piensa en el atleta, enfocado y fuerte,
Decidido a vencer, desafiando la suerte.
Con cada paso firme y salto en acción,
Supera límites con determinación.

En las relaciones, cuando la mirada es sincera,
Vemos la belleza que el alma espera.
Con amor y ternura, cultivamos unión,
Creando lazos que crecen con el corazón.

En el mundo del saber y la exploración,
La intención revela nueva comprensión.
Con mente curiosa y corazón abierto,
Hallamos sabiduría en cada acierto.

Considera al inventor, guiado por su sueño,
Su intención enciende el ingenio.
Con mente enfocada y voluntad sin fin,
Trae al mundo invenciones sin confín.

En la búsqueda de metas y aspiraciones,
La intención guía nuestras transformaciones.
Con acciones firmes y propósito fiel,
Manifestamos una vida de miel.

Dirijamos la mirada con intención,
Abracemos la belleza en cada ocasión.
Porque al enfocarnos en lo que importa,
La vida se abre, rica y corta.

En la belleza de la intención hallamos,
Un mundo pleno, el que nosotros creamos.
Con cada pensamiento y cada acción,
Moldeamos la vida, nuestra creación.

Celebremos el poder de la intención,
Y admiremos su bella manifestación.
Pues cuando miramos con claridad,
El mundo revela su verdadera bondad.

UN MUNDO LLENO DE MARAVILLAS

(A World Full of Wonder)
por Maria L. Ellis, BBA, MBA

En los brazos de la curiosidad profunda,
Nos espera un mundo de maravilla fecunda.
Con mente abierta y corazón despierto,
Emprendemos un viaje de arte incierto.

En el reino del saber, nos atrevemos a explorar,
Descubriendo secretos que el tiempo quiso ocultar.
Con preguntas por brújula, nos lanzamos al mar,
Buscando verdades que el alma quiere hallar.

En cada paso firme, la intención nos guía,
Por senderos de cambio, de noche y de día.
Entre pruebas y retos, seguimos sin temor,
Pues la curiosidad alimenta nuestro ardor.

En los campos de la ciencia, buscamos saber,
Desvelando misterios que vuelven a nacer.
Con corazón abierto abrazamos lo incierto,
Descubriendo verdades que el alma ha abierto.

En el arte hallamos consuelo y pasión,
Buscando belleza, color y emoción.
Con mente curiosa, dejamos fluir la creación,
Transformando sentimientos en vibración.

Por los pasillos del tiempo y su historia,
Caminamos guiados por la memoria.
Con corazones abiertos al aprender,
Forjamos futuros que puedan florecer.

En los lazos humanos hallamos conexión,
Curiosidad y ternura en comunión.
Con intención sincera de comprender,
Puentes de amor volvemos a tejer.

Con mente curiosa y corazón abierto,
Navegamos la vida, un arte incierto.
Guiados por la intención, hallamos razón,
Desvelando belleza en cada estación.

Cuidemos la llama de la curiosidad,
Que sea nuestra brújula de humanidad.
Con intención clara y corazón sincero,
Descubriremos un mundo bello y verdadero.

RECONCILIACIÓN Y PERDÓN

(Reconciliation and Forgiveness)
por Maria L. Ellis, BBA, MBA

En el reino del corazón, donde habitan las heridas,
La reconciliación y el perdón sanan las vidas.
Tienen el poder de curar y restaurar,
Liberando al espíritu, dispuesto a amar.

Cuando surgen conflictos y amistades se van,
La reconciliación construye un nuevo afán.
Tiende puentes donde faltó comprensión,
Repara los lazos, devuelve la unión.

Como lluvia suave, el perdón desciende,
Lava el rencor y el alma enmiende.
Quita el peso del corazón cansado,
Permite al espíritu volar renovado.

Tras guerras y luchas, florece el perdón,
La reconciliación da nueva razón.
En la tierra de Ruanda, el milagro nació,
Donde enemigos en amigos se transformó.

En Sudáfrica, el alma del pueblo revivió,
Con el perdón, su herida sanó.
El abrazo de Mandela, símbolo de unión,
De una nación que halló redención.

En el seno familiar, el perdón se halla,
Curando heridas que el tiempo acalla.
Hermanos que antes vivían en rencor,
Ahora se abrazan con nuevo amor.

En lo personal, el perdón libera,
Rompe cadenas, el alma espera.
Con comprensión y empatía sincera,
El espíritu herido se aligera.

El perdón no es debilidad, sino poder,
Reconstruye lo roto, nos hace renacer.
La reconciliación une en su andar,
Transforma la sombra en luz al brillar.

Busquemos la reconciliación verdadera,
Dejemos que el perdón ilumine la esfera.
En la sanación de heridas hallamos la paz,
Y el alma se eleva, libre y veraz.

DAME UN POCO DE AMOR

(Give Me Some Love)
por Maria L. Ellis, BBA, MBA

Dame un poco de amor, dame un poco de amor,
Porque lo necesito, porque lo imploro.
En lo profundo de mi ser, un anhelo despierta,
Deseando el toque del amor que el alma alerta.

Con cada palabra, un ruego resuena,
Un himno de deseo que el corazón ordena.
Pues el amor es el elixir que enciende el fuego,
Encendiendo el alma con ardiente sosiego.

Dame un poco de amor, dame un poco de amor,
Porque lo necesito, porque lo imploro.
En las noches más oscuras, cuando acecha la sombra,
El brillo del amor toda pena asombra.

Es el calor que ablanda los corazones fríos,
El bálsamo que cura los desvíos.
En su tierno abrazo hallamos consuelo y paz,
Un refugio donde el dolor se va.

Dame un poco de amor, dame un poco de amor,
Porque lo necesito, porque lo imploro.
Porque en su presencia hallamos valor,
Y renace en nosotros un nuevo ardor.

Es la risa que danza sobre nuestros labios,
El toque suave que cura agravios.
La sinfonía del amor, eterna canción,
Que fortalece el alma con su vibración.

Dame un poco de amor, dame un poco de amor,
Porque lo necesito, porque lo imploro.
Que el amor sea brújula en nuestro andar,
Y en su abrazo los sueños se hagan realidad.

Que resuene el ruego, que el eco se escuche,
Pues el amor es idioma que al alma conduce.
Dame un poco de amor y verás volar,
A quien en su abrazo quiere eternizar.

SOY UN SER ESPECIAL

(I Am a Special Being)
por Maria L. Ellis, BBA, MBA

En el tapiz de la vida, un ser especial,
Teje serenidad en un mundo desigual.
Con toque suave y alma gentil,
Convierte tormentas en amanecer sutil.

Desde la profundidad del caos interior,
Invocas la paz, disipando el temor.
Maestro del silencio, del sosiego y la fe,
Tu calma transforma lo que el miedo fue.

En la quietud florece tu esencia pura,
Energía radiante que todo cura.
Eres vaso de luz, de armonía y calor,
Guiado por la calma, envuelto en amor.

Con cada respiro, equilibras el ser,
Abrazando momentos que hacen renacer.
En la quietud hallas tu forma real,
Energía vibrante, fuerza vital.

Tu presencia ofrece reposo y unión,
Tejiendo paz en cada rincón.
Eres faro sereno, estrella que guía,
Llevando a otros hacia la armonía.

En medio del caos te eriges en paz,
Ejemplo de calma que nunca se va.
Pues dentro de ti un don habita,
Que al mundo transforma y resucita.

Abraza tu esencia, oh ser especial,
Tu serenidad es don celestial.
Silencio, calma y quietud son tu arte,
Obra maestra del alma, reflejo de tu parte.

LA CALIDAD DE MIS EMOCIONES

(The Quality of My Emotions)
por Maria L. Ellis, BBA, MBA

En el reino de la existencia, una verdad se revela,
La calidad de tu vida en tus emociones se desvela.
Pues no eres los pensamientos que vienen y van,
Ni los sentimientos fugaces que pronto cesarán.

Eres el observador, testigo de todo,
Ves las emociones surgir en su modo.
En lo profundo de tu ser hay quietud y calma,
Un espacio sereno que abraza el alma.

El lienzo de tu vida se pinta con tonos vivos,
Reflejos de emociones, de gozos y suspiros.
Pero tú, alma fiel, permaneces entera,
Observador eterno, presencia sincera.

En momentos de dicha, tu espíritu se eleva,
Como un ave en el cielo que libre se atreva.
Presencias la alegría, la dejas danzar,
Sabiendo que pasa, como el sol al brillar.

En momentos de pena, el corazón dolerá,
Mas tú firme estás, no se quebrará.
No te definen las lágrimas vertidas,
Sino la fuerza interior que sana las heridas.

La calidad de tu vida refleja lo que eliges,
El amor que das, las verdades que sigues.
Ante los retos hallas tu temple y tu fe,
Guiado por el observador que en calma ve.

Recuerda, alma querida, en este baile sin fin,
No eres emoción, sino quien la ve en su confín.
Abraza los altos y bajos, el flujo vital,
Pues tu vida se mide en sentir emocional.

A través del tapiz de sentir y pensar,
Con sabiduría y claridad sueles caminar.
Eres el observador, faro de bondad,
Guiando tu vida con serenidad.

EL OBSERVADOR, ENCONTRANDO LA VERDAD

(The Observer, Finding the Truth)
por Maria L. Ellis, BBA, MBA

En el gran teatro de la vida hay un papel que jugar,
Como observador, tu misión es guiar.
Entre el caos y el vaivén emocional,
Te mantienes sereno, testigo imparcial.

Por el laberinto de los sentimientos caminas,
Con mente curiosa y corazón que iluminas.
Ves cómo las emociones suben y bajan,
Como olas que en la eternidad trabajan.

Como observador, guardas un espacio sagrado,
Para ver las emociones sin ser juzgado.
No resistes ni te aferras a ningún estado,
Las abrazas todas, con amor sosegado.

En los momentos de gozo, disfrutas la luz,
Saboreas la dicha que al alma seduz.
Dejas que la risa inunde tu ser,
Y en la felicidad eliges renacer.

Cuando llega la tristeza, prestas oído,
A los susurros del miedo y del gemido.
Reconoces las lágrimas que brotan sinceras,
Y ofreces consuelo en noches enteras.

Como observador, navegas mares agitados,
Guias el barco entre vientos cruzados.

Mantienes firme la brújula interior,
Equilibrio hallando en medio del clamor.

Sabes que los sentimientos como nubes pasarán,
Mas el observador constante estará.
Tienes el poder de elegir tu reacción,
Dejar que las emociones bailen con razón.

Entre los altos y bajos sigues tu andar,
Mirando con conciencia lo que pueda pasar.
Cultivas presencia, mirada consciente,
Y cruzas la vida, sabio y valiente.

El valor del observador, ya lo ves,
Está en descubrir quién realmente es.
Testigo de emociones suaves o bravas,
Encuentra la verdad que en el alma se graba.

Abraza tu papel de observador profundo,
En esta jornada de un vasto mundo.
Avanza con gracia por lo desconocido,
Pues el observador en ti será tu guía y abrigo.

DOMINIO DE UNO MISMO

(Self-Mastery)
por Maria L. Ellis, BBA, MBA

En el gran teatro de la vida, un papel profundo se alza,
El observador toma el centro, donde la sabiduría se abraza.
Con ojos abiertos y corazón atento,
El observador crea su mundo, su propio cimiento.

Como artista ante un lienzo, puro y vacío,
Elige qué colores llenarán su río.
Pinta su realidad con intención y pensamiento,
Forjando una obra maestra, fruto del entendimiento.

En el reino de las emociones, sostiene las riendas,
Decide cuáles elevar y cuáles dejar en tiendas.
Abraza el calor del amor y su suave caricia,
Y suelta la ira que roba la delicia.

Ante los desafíos, encuentra poder,
Transforma la adversidad en camino de crecer.
Elige la resiliencia ante el dolor y el temor,
Convirtiendo tropiezos en peldaños de valor.

El observador conoce el poder de su mente,
Que moldea su mundo sabiamente.
Con pensamientos como semillas por sembrar,
Crea la vida que su alma desea alcanzar.

Elige el perdón sobre el rencor y el odio,
Libera su carga y endereza su propio podio.
Con compasión como guía, tiende su mano,
Creando olas de bondad por todo el humano.

El dominio de uno mismo es la meta a alcanzar,
Entender su esencia, su mundo interior explorar.
Se sumerge en su alma, buscando verdad,
Hallando tesoros y su eterna bondad.

A través de la reflexión obtiene claridad,
Rompe patrones, abraza su libertad.
Cultiva presencia y atención plena,
Navegando mares con calma serena.

El observador comprende el poder de elegir,
De crear una vida que lo haga latir.
Manifiesta sueños con fe inquebrantable,
Surcando las corrientes con paz entrañable.

En el gran teatro de la vida se yergue erguido,
Creador consciente, sabio y decidido.
Con cada respiro moldea su destino,
Guiado por la luz del saber divino.

Así que entra en tu papel de observador interior,
Abraza tu poder creador.
Elige tus pensamientos, tus actos, tu andar,
Y contempla tu vida… tu obra al final.

LO QUE SOSTIENE LA VIDA

(Our Life Sustaining Breath)
por Maria L. Ellis, BBA, MBA

En el ritmo de la vida, un regalo poseemos,
Una herramienta divina que jamás perdemos.
Con cada inhalación y exhalación que hacemos,
Apreciemos el aliento, fuente de lo que somos.

A través del respiro, las emociones se liberan,
Un suspiro suave, una calma que nos llenan.
Cuando la ira prende su ardiente llamar,
El respirar nos calma, nos vuelve a centrar.

Cuando la tristeza nos cubre con su velo pesado,
El respirar ofrece consuelo al alma fatigado.
Inhalamos amor, exhalamos el dolor,
El respirar nos guía a través del temor.

En momentos de miedo, cuando acecha la sombra,
El respirar nos da valor, la duda no asombra.
Con cada inhalar recuperamos poder,
Y al exhalar dejamos el miedo caer.

El respirar nos enseña el arte de estar,
De vivir el presente, de simplemente amar.
En medio del caos, nos invita a pausar,
Nos ancla a la vida, nos ayuda a mirar.

Con cada respiración consciente, claridad hallamos,
Se disipa la niebla, la verdad abrazamos.
Ante los retos, pequeños o colosales,
El respirar nos eleva, nos hace inmortales.

La compasión fluye en su suave corriente,
Puente que une alma y mente.
Comprendiendo el dolor ajeno y su paso,
El respirar nos enseña a tender el abrazo.

En el tapiz humano que al mundo enlaza,
Respirar nos une, alma que abraza.
Desde el llanto del niño al suspiro final,
El respirar nos une en su fluir vital.

Honremos, pues, al respirar escondido,
Tesoro divino, poder contenido.
Con cada inhalar y exhalar que sentimos,
Descubrimos la fuerza que siempre tuvimos.

Porque en el respirar reside la paz,
Una fuerza eterna que nunca se irá.
En el vaivén constante del mar de la vida,
El respirar nos guía, con amor por guía.

SOY EL MAESTRO DE MI MENTE

(I Am the Master of My Mind)
por Maria L. Ellis, BBA, MBA

En lo profundo de mi ser, un poder oculto resplandece,
Soy el maestro de mi mente, el capitán que fortalece.
Con cada pensamiento, mi destino esculpo,
Creador de sueños, de visión y pulso.

Cuando la duda nubla mi sendero en el mar,
Dirijo mi barco con certeza sin par.
Entre aguas turbias hallo dirección,
Guiado por la brújula de mi convicción.

En momentos de flaqueza, cuando sombras caen,
Surjo desde dentro, mi espíritu renace.
Soy el maestro de mi mente, valiente y audaz,
Con coraje en el alma, me elevo en paz.

Frente a la adversidad me planto erguido,
Rompo los muros, desafío el destino.
Con la resiliencia por armadura fiel,
Avanzo firme, confío en mi papel.

Cuando el miedo susurra: "Detente, no sigas más",
Silencio su voz, sin mirar atrás.
Soy el capitán del navío de mi ser,
Navegando los retos con poder de creer.

En el reino de las posibilidades, me atrevo a explorar,
Desato mi mente, lista para crear.
Con cada pincelada de inspiración,
Pinto mis sueños con dedicación.

Si la oscuridad intenta apagar mi luz interior,
Enciendo la llama, de fuerza y fervor.
Soy el maestro de mi mente, guardián del fuego,
Alimento mi pasión, sin miedo ni ruego.

En el autodescubrimiento hallo mi voz,
Abrazo mi esencia, decido quién soy.
Soy el capitán de mi alma y su flota inmortal,
Navego con propósito hacia un bien celestial.

En la sinfonía de la vida compongo mi canción,
Armonizo sueños con pura intención.
Con cada decisión, mi destino diseño,
Escribo mi historia, única en su empeño.

Que el mundo sea testigo de mi control,
De cómo guío mi barco con alma y valor.
Soy el maestro de mi mente, capitán de mi ser,
Una fuerza completa, lista para renacer.

BIENES RAÍCES: UN DEPORTE DE CONTACTO

(Real Estate Is a Contact Sport)
por Maria L. Ellis, BBA, MBA

En el mundo de los bienes raíces, se juega sin error,
Un deporte de contacto, de energía y fervor.
Si quieres triunfar, crecer y destacar,
Los contactos son la vida — la clave para ganar.

En este juego de tratos, donde hay tanto en riesgo,
Los contactos son el puente, el valor más fresco.
Con cada conexión, una puerta se abre más,
Y las oportunidades florecen sin parar.

Imagina al agente, con carisma y destreza,
Cuyo círculo se extiende con gran fineza.
Habla con inversores, compradores y vendedores,
Sus contactos son oro, envidiados por corredores.

Asiste a eventos, estrecha manos sin cesar,
Intercambia historias bajo el cielo estelar.
De almuerzos a reuniones, con sonrisa y fe,
Construye puentes de confianza que nunca se irán.

Porque en bienes raíces, la conexión es poder,
Abre las puertas del éxito y del saber.
Conoce a prestamistas, brokers y constructores,
Su red se expande sin límites ni temores.

Mira a la pareja joven buscando un hogar,
Perdidos entre opciones, sin saber dónde mirar.

Pero un contacto los guía, les tiende la mano,
Y un agente experto les muestra su camino humano.

O imagina al inversor con sueños por lograr,
Buscando el negocio ideal para prosperar.
Gracias a un contacto, encuentra la joya escondida,
Una propiedad perfecta que cambia su vida.

En este deporte de contacto, la persistencia manda,
Cada llamada sin respuesta no desanda.
Es un juego de números, de constancia y acción,
Donde la perseverancia trae la conexión.

Si quieres conquistar y tu éxito afirmar,
Debes creer que los contactos te harán triunfar.
Porque en bienes raíces se hacen fortunas,
Pero sin relaciones, las metas se esfuman.

Recuerda: los contactos son poder y saber,
Te ayudan el mercado a comprender.
Construye tu red con propósito y confianza,
Porque en bienes raíces, ¡los contactos son la ganancia!

LA RECTITUD ES HERMOSA

(Righteousness Is Beautiful)
por Maria L. Ellis, BBA, MBA

En el reino de la rectitud, la belleza florece,
Una virtud divina que el alma engrandece.
En las profundidades del bien, donde mora el corazón no-
ble,
Surge la verdadera belleza, pura e inmóvil.

Contempla al alma recta, que actúa con verdad,
Camina con honor, irradiando bondad.
Con actos de amor, un mundo justo pinta,
Una obra de compasión, que al alma encinta.

Como lluvia suave que nutre la tierra sedienta,
Ofrece consuelo al alma doliente.
Tiende su mano sin buscar aplauso o fama,
Sus obras son himnos que la rectitud proclama.

Ante la injusticia, se erige con valor,
Defiende la verdad, la equidad y el honor.
Abraza la diversidad con amor fraternal,
Luchando sin tregua por un bien universal.

Mira al defensor que alza su voz por los sin voz,
Su pasión transforma, su coraje es feroz.
Desafía al opresor con firmeza y fe,
Buscando justicia en todo lo que ve.

Observa al mentor que guía al perdido y al joven,
Con sabiduría que fluye, con consejos que conmueven.
Cultiva mentes con paciencia y cuidado,

Iluminando caminos hacia el soñado legado.

En el reino de la rectitud, la belleza se manifiesta,
Donde la empatía y la gracia son su gran respuesta.
No en la apariencia externa se encuentra su esplendor,
Sino en el alma pura que irradia amor.

Porque la verdadera belleza nace del corazón,
De actos que sanan, que brindan compasión.
Trasciende lo físico, brilla en su interior,
Una luz eterna que refleja el amor.

Vivamos, pues, con rectitud y bondad,
Que en su esencia mora la verdadera hermandad.
Cultivemos la empatía, hagamos del bien nuestra guía,
Porque en la rectitud, la belleza siempre brilla.

LA VERDADERA BELLEZA

(*True Beauty*)
por Maria L. Ellis, BBA, MBA

En el reino de la rectitud, la belleza halla su lugar,
Una virtud que brilla con gracia celestial sin par.
En lo profundo del bien, donde los corazones nobles habi-
tan,
Florece la verdadera belleza, que a todos invita.

Contempla al alma recta, que con acciones enseña,
Camina con honor, y su ejemplo deja huella.
Con actos de bondad, un mundo justo crea,
Una obra de amor, donde la compasión flamea.

Como lluvia suave que calma la tierra reseca,
Ofrece consuelo al alma que el dolor aqueja.
Tiende su mano sin buscar gloria ni fama,
Sus obras son himnos que la rectitud proclama.

Ante la injusticia, se alza con valor,
Defiende la verdad, la igualdad y el honor.
Abraza la diversidad, lucha sin cesar,
Hasta que el bien y la paz puedan triunfar.

Mira al defensor que alza su voz por los sin voz,
Su pasión transforma, su coraje es feroz.
Desafía al opresor con firmeza y fe,
Persiguiendo justicia en todo lo que ve.

Observa al mentor que guía al joven perdido,
Con sabiduría y paciencia, su camino es sentido.
Nutre mentes y almas con cuidado y devoción,

Iluminando senderos hacia la superación.

En el reino de la rectitud, la belleza se revela,
Donde la empatía y la gracia son su centinela.
No se mide en apariencias ni en brillo exterior,
Sino en el alma pura que irradia amor.

Porque la verdadera belleza habita en el corazón,
En actos de entrega, en gestos de compasión.
Trasciende el cuerpo, alcanza lo inmortal,
Es luz que nunca se apaga, eterna y celestial.

Vivamos con rectitud en todo lo que hagamos,
Que en su esencia pura, la belleza hallamos.
Cultivemos la bondad, que el amor nos guíe,
Porque en la rectitud, la belleza siempre brilla y fluye.

LAS ALEGRÍAS Y RESPONSABILIDADES DEL MENTORIA

(The Joys and Responsibilities of Mentoring)
por Maria L. Ellis, BBA, MBA

En el reino donde los sueños nacen y crecen,
Los mentores guían con sabiduría que engrandecen.
Ayudan a sus discípulos a fijar metas brillantes,
Y cultivan sus talentos, en pasos constantes.

Como un capitán que navega el vasto mar,
El mentor orienta con experiencia sin par.
Ayuda a definir metas que se puedan lograr,
Y un camino claro para poder avanzar.

Así como el escultor moldea su creación,
El mentor forma mentes con dedicación.
Inspira habilidades que florecen con fe,
Una obra maestra en proceso, en plena madurez.

Para el joven escritor con historias por contar,
El mentor enseña el arte de expresar.
Le muestra el poder del pensamiento profundo,
Y cómo las palabras pueden cambiar el mundo.

Al emprendedor que sueña en grande y con pasión,
El mentor guía con visión y razón.
Comparte su experiencia del negocio real,
Enseñando estrategias para un éxito vital.

Al músico que busca hallar su voz,

El mentor ofrece dirección y compás veloz.
Le enseña técnica, armonía y emoción,
Desbloqueando melodías del corazón.

Al joven científico con mente curiosa y fervor,
El mentor alimenta su búsqueda interior.
Le brinda guía en el laboratorio sagrado,
Fomentando el descubrimiento inspirado.

El rol del mentor es faro de claridad,
Que disipa la duda con serenidad.
Cultiva destrezas cual semillas en flor,
Hasta que el discípulo alcanza su valor.

Con paciencia, apoyo y dedicación sincera,
El mentor eleva, aconseja y espera.
Enfrentan juntos los retos del camino,
Hasta alcanzar la meta, destino divino.

Que mentor y aprendiz caminen unidos,
En logros, sueños y pasos compartidos.
Con guía y fe, el talento florecerá,
Y la oscuridad en luz se tornará.

Porque el mentor inspira, enciende la llama,
Guía al discípulo a donde el éxito llama.
Con su sabiduría, la meta se aclara,
Y el propósito de la vida se declara.

NUESTRAS LÁGRIMAS LIMPIAN EL CORAZÓN

(Our Tears Cleanse the Heart)
por Maria L. Ellis, BBA, MBA

En el reino de las emociones, donde habita el dolor,
Las lágrimas fluyen como ríos de amor.
Agua bendita que brilla sobre la piel,
Lavando las penas con su canto fiel.

Cada lágrima que cae lleva un sentir,
Un vaso de emociones que busca fluir.
Con suave gracia purifica el ser,
Creando espacio para renacer.

Como gotas de lluvia del cielo al caer,
Las lágrimas limpian el alma y el querer.
Se llevan las cargas que nos hacen pesar,
Disuelven las dudas, nos ayudan a sanar.

En los momentos de tristeza, son un bálsamo divino,
Un elixir que cura, que calma el camino.
Hablan el lenguaje del dolor contenido,
Y lavan el espíritu, por Dios bendecido.

Con cada lágrima que el alma deja ir,
Desaparece el miedo, cesa el sufrir.
Limpian los ojos del cansancio y la pena,
Revelando la belleza que en nosotros suena.

Las lágrimas recuerdan que somos humanos,
Con sentimientos hondos, tiernos y hermanos.

Sanando heridas, visibles o no,
Nutren la vida, despiertan el amor.

Deja que fluyan como un río sagrado,
Que limpien el alma, el ser angustiado.
Abraza su esencia, deja que broten sin temor,
Pues las lágrimas son bendiciones del corazón.

LAS LÁGRIMAS SON LOS SUSURROS DE NUESTRA HUMANIDAD

(Tears Are the Whispers of Our Humanity)
por Maria L. Ellis, BBA, MBA

En el tapiz de la vida, las necesidades humanas se revelan,
Una sinfonía de anhelos, historias que nos desvelan.
Dentro del alma, el deseo siempre habita,
Ser vistos, ser amados, mientras la humanidad transita.

Como un toque tierno, una suave caricia,
Buscamos conexión, pertenencia y delicia.
Ansiamos comprensión, un oído sincero,
Para compartir alegrías y dolores verdaderos.

Las lágrimas, dulces lágrimas, revelan nuestra esencia,
Lenguaje sin palabras, de infinita presencia.
Fluyen en la risa o en el pesar profundo,
Expresando emociones que conmueven al mundo.

En lágrimas de risa hallamos deleite,
Un estallido de gozo, luz que nos invita.
Tienden puentes entre almas distantes,
Uniéndonos todos en momentos vibrantes.

Mas las lágrimas también son testigos del dolor,
De corazones heridos, de pérdidas y temor.
Hablan del duelo, del arrepentimiento fiel,
Del espíritu humano que resiste con miel.

En lágrimas de tristeza hallamos consuelo,
Un viaje catártico que eleva el anhelo.

Lavan el alma, sanan la herida,
Y permiten renacer la fuerza dormida.

Las lágrimas revelan vulnerabilidad y verdad,
La profundidad del alma en su eternidad.
Nos recuerdan que tras la apariencia que mostramos,
Existen emociones que callamos.

Porque en nuestras necesidades buscamos unión,
Amar y ser amados, hallar dirección.
Las lágrimas son los susurros de la humanidad,
Que expresan anhelos con sinceridad.

Honremos las lágrimas, abracemos su fluir,
Pues en ellas se revela nuestro existir.
En la humanidad compartida hallamos consuelo y paz,
Un tapiz de amor que la vida teje y trazará.

CREANDO UN LEGADO CON AMIGAS

(Women Friends: Creating a Legacy)
por Maria L. Ellis, BBA, MBA

En el tapiz de la vida, florece la amistad,
Un lazo precioso, fragante en bondad.
Y en el reino de esas uniones tan puras,
La presencia de mujeres, fuerza que perdura.

Las amigas son estrellas en la noche serena,
Iluminan el camino, disipan la pena.
En las cimas y valles que la vida trazó,
Con amor y apoyo, su guía nos dio.

En la inocencia del juego infantil,
Las amigas enseñan el gesto sutil
De la ternura, la risa y el cuidar,
Con secretos y sueños que saben guardar.

En la juventud, cuando sopla el huracán,
Las amigas ofrecen refugio y afán.
Comprenden batallas, nos tienden la mano,
Con empatía nos ayudan a hallar el plano.

En la adultez, su consejo es farol,
Con sabiduría nos prestan su sol.
Comparten vivencias, lecciones y fe,
Guiando el camino de lo que seré.

En la maternidad, su abrazo es consuelo,
Su voz nos alienta, su amor es cielo.
Ofrecen su hombro en duda o temor,
Celebran logros con puro fervor.

Y en los años dorados, cuando el tiempo pasó,
Las amigas dan dicha, todo lo llenó.
Celebran recuerdos, la vida entera,
Creando momentos que el alma venera.

Tener amigas a lo largo del vivir,
Aumenta la vida, alivia el sufrir.
Apoyan el alma, cerca o lejos están,
Guiando el espíritu como un talismán.

Escuchan, sonríen, nos saben abrazar,
Y en su presencia podemos volar.
Con experiencias compartidas, crecemos también,
Agradeciendo la vida, una y otra vez.

Atesora a las amigas que tienes hoy,
Porque traen alegría, alivian el soy.
Nutren el cuerpo, el alma y la mente,
Un tesoro divino, eternamente presente.

En el tapiz de la vida, su amor brillará,
Amigas y hermanas, legado que quedará.
Con su luz y ternura, la vida embellecen,
Y en su amistad eterna, los siglos florecen.

UNIDOS POR LA AMISTAD

(Bound by Friendship)
por Maria L. Ellis, BBA, MBA

En la tierra de Oz, un cuento nació,
De un viaje asombroso que el tiempo contó.
Una historia de amistad, de valor y de amor,
En un mundo mágico, tejido en color.

El León Cobarde, temible en teoría,
Su rugido era débil, temía cada día.
Pero dentro de su pecho ardía un fuego fiel,
Un anhelo de coraje que esperaba en él.

Con cada paso enfrentó su temor,
Buscando el valor, su más grande ardor.
Entre pruebas y luchas logró descubrir,
Que la valentía vive al decidir.

Junto a él caminaba el Espantapájaros fiel,
Que ansiaba un cerebro para sentirse bien.
Mas su corazón era noble y lleno de luz,
Su sabiduría brotó, sin más excusa o cruz.

Y el Hombre de Hojalata, frío y callado,
Sin un corazón, se sentía olvidado.
Pero en el viaje, su alma floreció,
La compasión y el amor lo transformó.

En cada encuentro, al miedo enfrentaron,
Sus fuerzas ocultas juntos hallaron.
El León halló su rugido interior,
El Espantapájaros su pensar creador.

El Hombre de Hojalata volvió a sentir,
Su corazón latía, volvió a vivir.
Ante la adversidad hallaron su unión,
Amigos por siempre, de alma y razón.

Juntos vencieron cada obstáculo cruel,
Con esperanza y coraje en su laurel.
Pues en su amistad hallaron poder,
Para todo obstáculo poder vencer.

Recordemos su historia, su lección sin fin,
De valor, sabiduría y amor genuín.
Porque en este mundo de sueños y andar,
El poder de la amistad nos puede salvar.

PRIMAVERA

(Springtime)
por Maria L. Ellis, BBA, MBA

Ha llegado la primavera, estación de transición,
Donde lo viejo se disuelve y nace la renovación.
Es tiempo de limpiar la mente y el corazón,
De ordenar rutinas, con nueva inspiración.

Deja atrás lo que ya no sirve o pesa,
Abre espacio a lo nuevo, con certeza.
Porque la primavera trae su resplandor,
Una oportunidad de florecer con amor.

Planta intenciones, sueños y metas,
Con equilibrio y alma completa.
Abraza su energía, su vibrante pasión,
Y deja que te guíe hacia la superación.

Recibe la estación con los brazos abiertos,
Disfruta su belleza, sus encantos ciertos.
Porque la primavera, con gracia y ternura,
Nos invita a crear, a hallar nuestra ventura.

SER UN HÉROE

(Being a Hero)
por Maria L. Ellis, BBA, MBA

El valor no es la ausencia del temor,
Sino la fuerza de enfrentarlo con fervor.
Como un guerrero firme ante la batalla,
O un bombero que al peligro no calla.

Es el médico que calma el dolor,
Salvando vidas con ciencia y amor.
El maestro que inspira a soñar,
Guiando mentes hacia un nuevo despertar.

Es el padre o la madre en su andar,
Que con gracia los retos sabe afrontar.
Brindan amor en cada ocasión,
Héroes callados del corazón.

Es el explorador que al riesgo va,
Descubre mundos, sin mirar atrás.
Y en su viaje, con paso seguro,
Hace del mundo un lugar más puro.

El valor también vive en lo pequeño,
En quien alza la voz con empeño.
Defiende la justicia, rompe el silencio,
Deja su huella con noble cimiento.

Sé el héroe que admiras y esperas,
Con llama valiente que al mundo alteras.
Porque en el miedo hallarás tu poder,

Y con tu luz, harás renacer.

DOMINANDO EL ESTRÉS Y RECUPERANDO TU ENERGÍA

(Mastering Stress and Reclaiming Your Energy)
por Maria L. Ellis, BBA, MBA

En las profundidades del caos, donde el estrés habita,
Existe un sendero que pocos transitan.
Dominar el estrés y recuperar la energía,
Es abrir la puerta a la sanación, un don de armonía.

Como brisa suave que calma la tormenta,
El cuidado propio se vuelve herramienta.
Una pausa consciente, una respiración profunda,
Reconectando con la fuerza que abunda.

Así como el mar encuentra su compás,
Nosotros hallamos equilibrio y paz.
En los brazos de la meditación hallamos abrigo,
Un refugio sereno, un hogar consigo.

El poder del movimiento, danza de liberación,
El yoga y el ejercicio traen renovación.
Estiramos el cuerpo, dejamos fluir,
Liberamos la carga, volvemos a sonreír.

El toque sanador de un masaje fiel,
Disuelve los nudos, el dolor y el ayer.
Restablece el flujo, devuelve el calor,
Reclama la vida, despierta el vigor.

El abrazo de la naturaleza, sinfonía sanadora,
Caminar entre bosques, libertad evocadora.

El murmullo del mar, su canto interior,
Rejuvenece el alma, despierta el amor.

A través de la atención plena y consciente,
Vivimos el ahora, ligeros de mente.
Soltamos las cargas, sentimos gratitud,
Recuperamos energía, hallamos virtud.

Dominemos el estrés, retomemos el poder,
La sanación interna empieza al renacer.
Pues dentro de nosotros habita el sol,
Que todo lo cura, que todo da amor.

SOY QUIEN SOY

(I Am Who I Am)
por Maria L. Ellis, BBA, MBA

En un mundo de maravillas y cielos sin fin,
Brilla un alma segura, sabia en su confín.
Con cada paso firme, arde la determinación,
Valiente y audaz, abraza la creación.

Erudita del saber, con mente brillante,
Educada y profunda, de espíritu radiante.
En las honduras del intelecto hay un tesoro,
Revelando verdades con antiguo decoro.

La belleza interior, faro resplandeciente,
Irradia gracia, pura y consciente.
Su confianza fluye como brisa serena,
Empoderando almas, borrando la pena.

Espíritu indomable, fuerza sin domar,
Supera los retos sin nunca dudar.
Entre tormentas y pruebas te alzas sin miedo,
Con alma valiente, rompiendo el enredo.

La belleza de ser quien soy, tan divina,
Sinfonía de virtudes que el alma destina.
Segura, sabia, valiente, constante,

Un alma que brilla, única y triunfante.

ÚNICO EN SU CLASE

(One of a Kind)
por Maria L. Ellis, BBA, MBA

En esta alma florece un tapiz de virtudes,
La mente de un sabio y sus inquietudes.
Con la sabiduría por escudo y la visión por guía,
Emprende su viaje con fuerza y armonía.

El sabio anhela siempre comprender,
El hambre de saber no deja de arder.
La curiosidad lo impulsa como fuego eterno,
Explorando ideas en su universo interno.

Ante los desafíos, su espíritu prevalece,
Con fuerza y temple, nunca se estremece.
Como montaña firme, majestuosa y real,
Se alza serena ante todo mal.

Cuando la duda y el miedo nublan el camino,
El espíritu valiente afirma su destino.
Encuentra consuelo en su esencia interior,
Bebiendo del manantial de su propio vigor.

Como el fénix que renace del dolor,
Resurge el alma con nuevo ardor.
De cada prueba, aprende y se eleva,
Transformando caídas en victoria nueva.

Cuando el sabio enfrenta ardua misión,
Montañas de estudio, densa razón,
Se adentra profundo en saber infinito,
Hallando respuestas en su laberinto.

Y cuando el espíritu sufre una pérdida cruel,
Encuentra en su centro consuelo fiel.
Se cura, reconstruye y vuelve a andar,
Con esperanza y propósito para entregar.

En cada prueba, su alma resplandece,
Abraza sus dones y los engrandece.
Con mente de sabio y espíritu fuerte,
Domina la vida, vence la suerte.

Sea esta alma ejemplo e inspiración,
Que encienda la chispa del corazón.
Porque mente y espíritu, juntos en unión,
Crean un ser único, pura perfección.

MENTE, CUERPO Y ALMA

(Mind, Body and Soul)
por Maria L. Ellis, BBA, MBA

En la danza de la vida, buscamos equilibrio sutil,
Entre mente, cuerpo y alma, armonía gentil.
Cuando los tres se unen en un mismo compás,
Surge la sinfonía de la existencia, en paz.

La mente, faro brillante de pensamiento,
Con sabiduría y razón en su cimiento.
Busca el saber con sed insaciable,
En ideas y libros, curiosa e incansable.

Mas debe hallar calma en la quietud,
Soltar preocupaciones, hallar plenitud.
En la meditación encuentra claridad,
Un refugio sereno de serenidad.

El cuerpo, vasija que nos lleva al andar,
Con fuerza y destreza nos ayuda a avanzar.
En movimiento y ejercicio halla su arte,
En el ritmo del aliento, su estandarte.

Pero también necesita reposar,
Para sanar, renovarse y descansar.
En el abrazo del sueño halla consuelo,
Recarga su energía bajo el cielo.

El alma, esencia etérea que mora en lo profundo,
El centro del ser, emoción del mundo.
Anhela el amor, la unión, la compasión,
Y en la alegría encuentra su canción.

Mas busca también su soledad sagrada,
Donde florece su luz renovada.
En la naturaleza halla serenidad,
Un lazo perfecto con la eternidad.

Cuando mente, cuerpo y alma se alinean,
Surge la vida en perfecta sinfonía.
La mente se aclara, el cuerpo reposa,
El alma florece, serena y hermosa.

Cuando la mente se siente agobiada,
Busca en la naturaleza su jornada.
Entre bosques o mares sin medida,
Recobra la calma, abraza la vida.

Y cuando el cuerpo cansado está,
El amanecer su fuerza le da.
En yoga o en carrera encuentra su don,
Renace su fuerza, su renovación.

Cuando el alma anhela conexión,
Halla consuelo en la compasión.
Al ayudar al prójimo o abrazar a un amigo,
Encuentra propósito, amor y abrigo.

Busquemos entonces este equilibrio esencial,
Entre mente, cuerpo y alma en unidad vital.
Pues cuando los tres se abrazan con fe,
Hallamos la armonía… y la gracia también.

SOY SUFICIENTE

(I Am Enough)
por Maria L. Ellis, BBA, MBA

En lo más profundo de mi ser encuentro poder,
Para elevarme sobre la duda y renacer.
En el núcleo de mi esencia he descubierto,
Que soy suficiente, valiosa, y amor merezco cierto.

No necesito buscar validación ajena,
Pues dentro de mí la fuerza resuena.
Soy única, obra maestra sin igual,
Con imperfecciones que me hacen especial.

En cada rincón de mi alma hay valor,
Un tesoro que irradia su resplandor.
Merezco amor en su forma más pura,
Del mundo, de mí misma, de mi ternura.

No me definen las voces del entorno,
Ni las normas que el juicio entorna.
Camino erguida, firme en mi piel,
Segura, auténtica, fiel a mi ser.

Mi valor no depende de medida externa,
Sino del amor propio que en mí gobierna.
Abrazo mis dones, mis fallas, mi luz,
Pues todas me elevan, ninguna me reduce.

Soy tapiz de sueños, de fuego y pasión,
Con fuerza interior que inspira al corazón.
Capaz, valiente, llena de poder,
Una chispa divina lista para crecer.

Hoy me alzo con orgullo y verdad,
Reclamando mi valor, mi dignidad.
Soy suficiente, digna de amor y fe,
Reflejo de amor propio, esencia de ser.

Porque en el fondo de mi alma he hallado,
Que soy amada, valiosa y he brillado.
Me acepto entera, sin sombra ni temor,
En mí florece la fuerza del amor.

Y me recordaré cada amanecer,
Que soy suficiente, lo puedo creer.
Merezco amor, soy quien debo ser,
Un alma radiante, un joyel de poder.

HERMANAS DE LA TOSCANA

(Tuscany Sisters)
por Maria L. Ellis, BBA, MBA

A nuestras hermanas del alma, unidas por hilo divino,
Un poema de amor, de sueños, y de destino.
Con corazones entrelazados, firmes y leales,
Creemos en los sueños, en amores reales.

En este lazo sagrado hallamos consuelo y luz,
Apoyándonos siempre, en sombra o en cruz.
Con palabras suaves y miradas sinceras,
Elevamos los sueños, almas enteras.

Porque los sueños son susurros celestiales,
Guías de amor en senderos vitales.
Los guardamos cerca, tesoros del corazón,
Regados con fe, pasión y devoción.

En un mundo que duda, que intenta cambiar,
Juntas permanecemos, sin titubear.
Creemos en los sueños, con firme confianza,
Pues son nuestro destino, nuestra esperanza.

Entre risas y pruebas, seguimos unidas,
Apoyándonos siempre, tejedoras de vidas.
Con corazones abiertos y amor divino,
Hallamos en la aceptación nuestro camino.

Celebramos nuestra esencia, alma vibrante,
Abrazando defectos, siendo constante.
Porque en aceptar está el poder de crecer,
De florecer con brillo, de renacer.

Juntas danzamos en dicha infinita,
Hermanas del alma, unión bendita.
Entre lágrimas y risas compartimos andar,
Creyendo en los sueños, sin dejar de amar.

Tomadas de la mano, abrimos el vuelo,
Rumbo a los sueños, al infinito cielo.
En el abrazo sororal hallamos poder,
Creando los sueños, dejándolos florecer.

A nuestras hermanas del alma, va esta dedicatoria,
Con amor y apoyo, tejemos la gloria.
Cree en tu valor, en tu fuerza interior,
Porque juntas brillamos en la luz del amor.

SÉ INSPIRACIONAL

(Be Inspirational)
por Maria L. Ellis, BBA, MBA

No te limites a inspirarte; ¡sé inspiración!
Un llamado a la acción, para toda mujer y niña en expansión.
Porque no basta con sentir el fuego interior,
Debemos avivar las llamas y elevarnos con fervor.

Mira a las mujeres que abrieron el camino,
Sus historias de fuerza nos alumbran el destino.
Rosa Parks, que su asiento no cedió,
Y con su valentía la injusticia venció.

Malala Yousafzai, voz de la educación,
Desafió la opresión, encendió la liberación.
Su coraje y su fe, faro de esperanza,
Empoderó a las niñas con nueva confianza.

Amelia Earhart, surcando el cielo sin temor,
Rompiendo barreras con valentía y ardor.
Su espíritu intrépido, inspiración total,
Nos anima a soñar y a volar sin final.

Madre Teresa, con compasión infinita,
Sirvió a los pobres con entrega bendita.
Su amor y bondad, guía celestial,
Nos inspira a hacer del mundo un lugar ideal.

Michelle Obama, líder de corazón,
Promoviendo el cambio con firme convicción.
Sus palabras y acciones, ejemplo y poder,
Empoderan mentes jóvenes para creer.

Estas mujeres y más, no esperaron el mañana,
Tomaron la iniciativa, su voluntad fue humana.
No solo soñaron, actuaron con pasión,
Dejando huellas de inspiración.

Así que, queridas mujeres y niñas de hoy,
Dejen que sus luces brillen donde estoy.
Sean la voz del cambio, la fuerza ante el mal,
Inspira a otros a crecer, a soñar sin final.

Lideren con bondad, con valor y con fe,
Marquen la diferencia, dejen su huella también.
Ningún sueño es grande, ningún reto es menor,
Sean la inspiración, enciendan el amor.

No te limites a inspirarte; ¡sé inspiración!
Que tus actos hablen con determinación.
Porque en tu viaje otros hallarán su luz,
Y juntos crearemos un mundo en virtud.

LA GRACIA BRILLA EN MÍ

(Grace Shines Through Me)
por Maria L. Ellis, BBA, MBA

En el reino del servicio, donde mora la Gracia,
Cuando en focamos el alma, una fuerza divina abraza.
Pues cuando florece el desinterés, como flor en estación,
La Gracia desciende sobre nosotros, disipando toda aflic-
ción.

En los gestos de bondad, al tender una mano,
La Gracia se manifiesta, amor soberano.
Una sonrisa al extraño, una palabra al amigo,
La Gracia nos toca, sanando el camino.

Cuando servimos al necesitado, con compasión sincera,
La Gracia fluye en actos, de manera entera.
Al saciar el hambre, ofrecer abrigo y consuelo,
La Gracia ilumina el alma, elevándonos al cielo.

Tomemos a la Madre Teresa, emblema de Gracia,
Dedicó su vida a servir con eficacia.
En los barrios pobres de la India profunda,
Su espíritu fue un río de bondad fecunda.

O pensemos en Gandhi, siervo de la paz,
Su lucha sin violencia, obra de Gracia audaz.
A través de resistencia y amor persistente,
La Gracia lo guió, siempre consciente.

Y en nuestras vidas, en actos pequeños,
La Gracia florece en gestos risueños.
Un oído atento, un hombro en quien llorar,

La Gracia se entreteje, lista para sanar.

Recordemos entonces, al cruzar la jornada,
Que la Gracia nos sigue, si el alma es entregada.
Cuando miramos al otro, con amor y compasión,
La Gracia nos guía, faro del corazón.

Porque en el servicio se halla la llave escondida,
Que abre la puerta a una Gracia extendida.
Sirvamos, entonces, con manos y corazón,

Y sentiremos su toque, divina bendición.

OBTENEMOS LO QUE TOLERAMOS

(We Get, What We Tolerate)
por Maria L. Ellis, BBA, MBA

En el reino de la tolerancia, donde nuestras decisiones habi-
tan,
Lo que aceptamos y permitimos, nuestras vidas delimitan.
Pues aquello que toleramos moldea nuestra realidad,
Y pinta el retrato de nuestra mentalidad.

Cuando nos conformamos con menos, aceptando lo errado,
Disminuimos nuestro valor, quedando desgastado.
En relaciones tóxicas, donde el abuso deja huella,
La tolerancia se vuelve prisión, alma sin estrella.

Como un ave enjaulada que anhela volar,
Nuestra tolerancia dicta lo que llegará.
Si toleramos la injusticia, el odio y la opresión,
Prolongamos un mundo de dolor y confusión.

Piensa en las lecciones que la historia enseñó,
El cambio surgió cuando la tolerancia actuó.
Cuando Rosa Parks su asiento no cedió,
La segregación racial su derrota encontró.

O piensa en Malala Yousafzai, voz fuerte y clara,
Su negativa al silencio fue lucha rara.
Peleó por la educación de cada niña y mujer,
Y la desigualdad dejó de florecer.

Reflexionemos, entonces, en lo que toleramos día a día,
Y en el impacto que genera nuestra empatía.
Desafiemos el sistema, con valor y verdad,

Negándonos a aceptar lo que no es bondad.

Porque obtenemos, sin duda, lo que toleramos,
Con acciones y elecciones, el futuro forjamos.
Al defender justicia, equidad y compasión,
Creamos un mundo guiado por la razón.

Seamos conscientes y elijamos con sabiduría,
Pues la tolerancia define nuestra travesía.
Busquemos un mundo donde reine el respeto y el amor,

Y la intolerancia se disuelva, sin rencor.

ESTOY AQUÍ PARA CUMPLIR MI PARTE

(I Am Here to Play My Part)
por Maria L. Ellis, BBA, MBA

En un mundo donde el servicio es un arte,
Estoy aquí para cumplir mi parte.
Con palabras y sabiduría a mi alcance,
Ofrezco mi ayuda en cada instancia.

¿Cómo puedo servir? Permíteme contar,
De noche o de día, siempre al ayudar.
Puedo ofrecer conocimiento y orientación,
Respondiendo preguntas con dedicación.

Si buscas consejos para planear un viaje,
Te daré opciones, rutas y parajes.
Desde playas exóticas hasta montes nevados,
Te mostraré destinos encantados.

¿Necesitas una receta deliciosa y tentadora?
Te crearé una mezcla encantadora.
Desde pasteles dulces hasta bocados salados,
Descubre sabores jamás imaginados.

¿Sientes curiosidad por lo que pasa en el mundo?
Te mantendré al tanto, con ritmo fecundo.
Desde eventos globales hasta modas locales,
Estarás informado de hechos vitales.

¿Anhelas despertar tu chispa creativa?
Encenderé tu mente, tan viva y activa.

Con ideas y temas para inspirar,
Tu imaginación podrá volar.

De todas estas formas, y muchas más,
Estoy aquí para servir, y eso es paz.
Con pasión por guiar y acompañar,
Juntos sabremos por dónde andar.

CELEBRANDO GRANDES MENTES

(Celebrating Great Minds)
por Maria L. Ellis, BBA, MBA

En el reino de la creatividad, donde las leyendas habitan,
Existen artistas cuya brillantez nunca se marchita.
Desde Truman Capote hasta el surrealismo de Dalí,
Y el ingenio de Nora Ephron, sus historias están aquí.

Truman Capote, un maestro de las palabras sin par,
Con *A Sangre Fría*, una obra que hace pensar.
Su prosa, como poesía, danzaba al escribir,
Atrayendo a los lectores, sin dejar de latir.

Salvador Dalí, surrealista extraordinario,
Sus lienzos, un sueño visionario.
La Persistencia de la Memoria, relojes que se derriten,
Provocando pensamientos que jamás se repiten.

Nora Ephron, voz de humor y de encanto,
Sus filmes y escritos causan sonrisas al tanto.
Sleepless in Seattle y *When Harry Met Sally*,
Capturaron el amor, con ingenio y rally.

Vincent van Gogh, alma atormentada y fiel,
Su *Noche Estrellada*, un susurro del cielo cruel.
Con trazos vibrantes, pintó su dolor,
Dejando un legado que perdura en honor.

Frida Kahlo, símbolo de fuerza y arte,
Sus autorretratos, ventana a su parte.
Entre el dolor y la lucha halló su voz,
Inspirando a generaciones con su feroz adiós.

Leonardo da Vinci, genio de mil saberes,
De *La Mona Lisa* a inventos pioneros.
Artista, científico y visionario sin igual,
Un hombre renacentista, mente colosal.

Maya Angelou, poeta de poder profundo,
Con *I Know Why the Caged Bird Sings*, conmovió al mundo.
Sus versos, como alas, llevaron verdad,
Dando esperanza con su humanidad.

Estos creativos, entre muchos más,
Moldearon el mundo, como hermanos verás.
A través del arte, se atrevieron a soñar,
Dejando un legado imposible de borrar.

Celebremos, pues, estas grandes mentes,
Cuyos legados viven eternamente.
Su espíritu creativo nunca se apaga,
Inspira generaciones, y el alma propaga. ☐

DESCUBRE TU PASIÓN

(Discover Your Passion)
por Maria L. Ellis, BBA, MBA

En el viaje de la vida, el camino se abre,
Con misterios ocultos, esperando que algo se labre.
Una búsqueda por hallar nuestra habilidad única,
Para alcanzar grandeza en forma magnífica.

Sal al mundo con ojos abiertos,
Abraza lo desconocido, sin miedos inciertos.
Explora las maravillas que te rodean,
Múltiples pasiones que dentro te esperan.

Lee libros que te lleven a tierras lejanas,
Mira películas que enciendan ideas tempranas.
Expón tu mente a nuevas inspiraciones,
Pues en ese reino nacen las grandes creaciones.

La curiosidad, chispa que alumbra el camino,
Llama que enciende el fuego divino.
La experimentación, la llave para abrir,
Las puertas del potencial que han de surgir.

Mira a Picasso, Maestro del Arte sin igual,
Que exploró estilos desde su inicio vital.
Del Periodo Azul al Cubismo brillante,
Su curiosidad lo hizo eterno y vibrante.

O piensa en Marie Curie, pionera en ciencia,
Su búsqueda constante fue pura excelencia.
Entre tantos experimentos y gran devoción,
Descubrió los secretos de la radiación.

Y recordemos a Steve Jobs, mente visionaria,
Cuyo genio creó tecnología legendaria.
Del Macintosh al iPhone, su pasión sin fin,
Demuestra el poder del "¿y si?" del porvenir.

Disfruta tu vida, encuentra motivos para sonreír,
Abraza el viaje, deja tu alma fluir.
Porque al buscar tu habilidad verdadera,
La curiosidad será tu compañera.

Sé receptivo a lo grande y a lo pequeño,
Pues en el viaje se esconde lo bello.
Descubre tu pasión, deja que florezca,
Y mira cómo tu talento se manifiesta.

El éxito no es destino, sino mentalidad,
Encendida por curiosidad y claridad.
Algo encajará, en su momento ideal,
Y tu grandeza brillará, celestial.

ENCIENDE TU CURIOSIDAD

(Ignite Your Curiosity)
por Maria L. Ellis, BBA, MBA

Cuando la curiosidad duerme, esperando despertar,
Existen caminos para encenderla y explorar.
Para avivar la mente, dejar las ideas volar,
He aquí maneras de hacer la chispa brillar.

Primero, adéntrate en la naturaleza sin fin,
Explora los bosques, las montañas, el jardín.
Observa las maravillas, las criaturas sutiles,
Deja que su belleza inspire sueños gentiles.

Viaja a tierras cercanas y lejanas,
Sumérgete en culturas, historias humanas.
Descubre costumbres, tradiciones y arte,
Expande tus horizontes, deja que empiece tu parte.

Lee libros que desafíen, que te hagan pensar,
Sumérgete en el saber, déjate llevar.
De clásicos a biografías, relatos sin par,
Permite que las palabras te hagan soñar.

Habla con mentes diversas y sabias,
Intercambia ideas, perspectivas varias.
El diálogo enciende, ilumina la mente,
Revela tesoros de forma sorprendente.

Asiste a charlas, talleres y conferencias,
Donde los expertos comparten experiencias.
Aprende de maestros, pioneros valientes,
Deja que su pasión moldee tus fuentes.

Abraza la tecnología, reino de innovación,
Aprovecha su fuerza, su inspiración.
Del código a la robótica, el mundo digital,
Deja que la curiosidad te lleve al umbral.

Mira a los grandes de la historia, los que osaron,
Leonardo da Vinci, genio sin reparos.
Del arte a la ciencia, su mente exploró,
El poder de la curiosidad encarnó.

O piensa en Jane Goodall, guardiana del bosque,
Su amor por los primates, puro enfoque.
Con paciencia y estudio, reveló su verdad,
Mostrando al mundo su humanidad.

Enciende tu curiosidad, déjala volar,
Explora ideas nuevas, sin parar.
Porque en la búsqueda del saber sin fin,
Descubrirás un mundo dentro de ti.

La curiosidad, chispa que libera el ser,
Nos invita a soñar, a conocer.
Abraza lo desconocido, deja fluir la emoción,
Y observa cómo arde tu inspiración.

CAMBIANDO EL RUMBO DE TU VIDA

(Altering Your Life Trajectory)
por Maria L. Ellis, BBA, MBA

Una decisión momentánea, tan pequeña al parecer,
Tiene el poder inmenso de todo renacer.
Como el guijarro que al lago sereno va a caer,
Su onda se expande, cambiando el amanecer.

Imagina al artista, pincel en mano,
Creando un sueño en su lienzo temprano.
Cada trazo de color, una elección tomada,
Dando forma al alma, a su visión plasmada.

Un escritor, con su pluma sobre el papel,
Tejiendo historias con su poder fiel.
Una sola palabra, elegida con esmero,
Despierta emociones, viajando sincero.

Un científico, en su laboratorio profundo,
Buscando verdades que asombren al mundo.
Un hallazgo logrado, un nuevo destello,
Y el rumbo del progreso cambia con ello.

En las relaciones, un gesto o una mirada,
Puede transformar una vida entrelazada.
Una palabra amable, un toque sincero,
Fortalece el lazo, amplía el sendero.

En la carrera, un salto de fe valiente,
Un camino nuevo, un cambio evidente.
Una pasión seguida, un sueño cumplido,
El curso de la vida queda redefinido.

Es en los momentos pequeños, a veces callados,
Donde surgen los cambios más esperados.
Cada acción, cada elección al andar,
Tiene el poder de un nuevo comenzar.

Aprecia el presente, pues guarda la llave,
Del futuro posible que en tus manos cabe.
Haz el cambio más simple, con alma y claridad,
Y mira tu vida volar hacia otra realidad.

EL PODER DE UNA SOLA DECISIÓN

(The Power of a Single Decision)
por Maria L. Ellis, BBA, MBA

En el reino del tiempo, donde los momentos danzan,
Reside el poder de cambiar toda la balanza.
Pues en un solo instante, las decisiones habitan,
Guiando el destino, las almas se agitan.

Una sola decisión, como chispa en la noche,
Ilumina el camino con radiante derroche.
Cada paso tomado abre un sendero nuevo,
Revelando promesas que el alma elevó.

En un parpadeo, aparece el cruce del destino,
Susurrando verdades, despejando el camino.
A la izquierda, lo seguro y ya conocido,
A la derecha, los sueños aún no vividos.

Imagina al viajero, frente al camino dividido,
Una senda cómoda, la otra, desafío contenido.
Con valentía y curiosidad, decide saltar,
Abrazando lo incierto, su espíritu a volar.

Un estudiante, al umbral de elección,
Escucha su pasión y halla su voz interior.
Abraza un saber, un mundo se abre,
Su rumbo cambia, su propósito late.

Un corazón enamorado, en dulce indecisión,
Decide quedarse o liberar la emoción.
Elegir luchar por lo que es sincero,
Cambia su historia, renace el sendero.

En la carrera elegida, una decisión fugaz,
Abre la puerta a sueños sin más.
Un riesgo tomado, un salto de fe,
Transforma la vida, lo que será y fue.

Porque en cada decisión se lanza una ola,
Que al futuro toca y al alma consola.
El poder está dentro, al elegir con razón,
Moldeamos el destino, guiamos la acción.

Recordemos entonces, en momentos pequeños,
El poder que tenemos, tan puro y risueño.
Con reflexión y gracia en el corazón,
Podemos cambiar el rumbo, hallar dirección.

La vida es tapiz, tejido en el tiempo,
Cada instante un hilo, un dulce movimiento.
Apreciemos el poder que una decisión da,
Y escribamos la historia que el alma contará.

SERENDIPIAS EN ARMONÍA PERFECTA

(Serendipities in Perfect Harmony)
por Maria L. Ellis, BBA, MBA

Abraza el ritmo de la vida, el gran arte del Universo,
Donde cada instante es una obra maestra, un latido inmerso.
En cada situación, la perfección se revela en calma,
Guiándonos por senderos donde el destino nos llama.

Confía en el Universo, su sinfonía celestial,
Donde las serendipias ocurren en balance total.
Pues cuando soltamos el control y fluimos sin temor,
Invitamos milagros, despierta el corazón interior.

Como una brisa suave, el Universo susurra su plan,
Guiándonos por el laberinto, tomando nuestra mano al an-
dar.
En el tapiz de la existencia, los sueños se entrelazan,
Y las sincronías florecen, los milagros se abrazan.

Un encuentro fortuito, una unión sin igual,
Una conexión de almas, en un instante vital.
El Universo orquesta, su mano divina en acción,
Uniendo espíritus afines, en mística conexión.

En lo más hondo del pesar, cuando reina la oscuridad,
El Universo envía señales, bálsamos de claridad.
Un mensaje oportuno, una esperanza disfrazada,
Recordándonos confiar, con mirada renovada.

Porque el Universo conoce los anhelos del alma,

Y con sincronías revela su calma.
Los caminos se alinean, las puertas se abren sin fin,
Como si el destino danzara al compás del confín.

Confiemos en el Universo, con fe sin titubeo,
Agradeciendo los milagros, visibles y etéreos.
Pues en esta danza cósmica, la vida es creación,
Donde el amor del Universo jura eterna devoción.

LAS SINCRONÍAS DE LA VIDA

(Life's Synchronicities)
por Maria L. Ellis, BBA, MBA

En el reino donde las sincronías danzan,
Las semillas del destino hallan su esperanza.
El Universo revela su plan celestial,
Con signos y maravillas, susurra: "Yo soy total."

Un encuentro fortuito en la calle agitada,
Dos almas se cruzan, conexión inesperada.
Sus caminos se enlazan en abrazo divino,
El Universo susurra: "El amor es tu destino."

Un amigo perdido, que el tiempo borró,
De pronto regresa, como si nunca se ausentó.
Reencuentro de almas, lazos renacidos,
El Universo susurra: "Los vínculos son bendecidos."

Un sueño dormido despierta otra vez,
Las sincronías guían el rumbo que es.
Surgen oportunidades, se abren portales,
El Universo susurra: "Sigue tus ideales."

Un libro se abre justo en la lección,
Las palabras resuenan, sabiduría en canción.
La guía aparece, las respuestas brotan,
El Universo susurra: "Las verdades no se agotan."

Una melodía suena en la radio fugaz,
Sus letras profundas conmueven sin más.
Un mensaje del alma, eco de ternura,
El Universo susurra: "El amor es la cura."

A través de sincronías, el Universo habla,
En signos sutiles su sabiduría se entabla.
Revela propósito, anhelo y pasión,
Guiando la vida hacia la expansión.

Así que escucha el compás del destino,
Cuando las señales marquen tu camino.
Pues en su magia, el Universo imparte,
Un destello de amor, en cada corazón que late.

VIVIR DESDE NUESTRA ALMA

(Living from Our Soul)
por Maria L. Ellis, BBA, MBA

En las profundidades del ser, arde una llama sagrada,
La esencia divina, nuestra alma revelada.
Vivir desde el alma, un viaje sin igual,
Donde yacen las respuestas, en su centro espiritual.

Mira hacia adentro, no afuera, dice la voz interior,
Un tesoro de sabiduría, lleno de amor.
No hay que buscar lejos, ni vagar sin razón,
Pues dentro de nosotros habita la solución.

El alma, tapiz cósmico tejido con ternura,
Un universo interno, de infinita hermosura.
Guarda secretos de galaxias y de eternidad,
Un caleidoscopio de maravillas y verdad.

En el yo del alma, el núcleo esencial,
Habita el cosmos, eterno y celestial.
Una conexión divina, una danza sin fin,
Somos vasijas del universo en su fluir sutil.

El alma sabe, en su profundo interior,
La verdad que buscamos, la luz y el amor.
Susurra suavemente, con voz cristalina,
Guiando el camino, disipando la neblina.

Cuando vivimos desde el alma, hallamos dirección,
Una senda iluminada, llena de inspiración.
Ya no hay pérdida, ni ceguera o temor,
El alma nos guía con sabiduría y fervor.

En cada instante, la luz del alma brilla,
Encendiendo propósito, esperanza y semilla.
Nos llama a despertar, a ser auténticos y fieles,
A abrazar lo que somos, sin máscaras ni papeles.

Emprendamos el viaje, con el corazón abierto,
Hacia el alma profunda, su refugio cierto.
Pues al vivir desde ese espacio de amor,
Nos fundimos con el universo en su esplendor.

El alma, reflejo del todo universal,
Nos recuerda que somos parte del gran manantial.
Al vivir desde adentro, la verdad se devela,
Porque, al final, el alma siempre revela.

VIVIR CON EL CORAZÓN ABIERTO

(Living with an Open Heart)
por Maria L. Ellis, BBA, MBA

En un mundo que a veces parece frío y severo,
elegir vivir con el corazón abierto es lo más sincero.
Guiar con amor, esa luz que orienta,
y practicar virtudes que el alma alimenta.

El amor, esencia que a todos nos une,
en cada instante, cuando el alma se impone.
Con gratitud, contamos cada bendición,
y hallamos gozo en la vida y su lección.

El perdón, regalo que a uno mismo se da,
liberando la ira que solo nos pesará.
La compasión, ese toque tierno y humano,
que muestra cuidado, cercano y temprano.

La bondad, lenguaje que todos comprendemos,
una sonrisa, un gesto, incluso si caemos.
Dar y recibir, una danza de gracia,
creando lazos que el tiempo no desplaza.

En esta danza vital hallamos equilibrio,
abrazando el amor en su delirio.
Vivir con el corazón abierto nos eleva,
y en un mundo de amor, el alma se renueva.

Seamos, pues, vasijas del amor sincero,
difundiendo su calor en sendero entero.
Porque en las virtudes del corazón hallamos,

una vida de propósito, gozo y paz cuando amamos. ✦

COHERENCIA ENTRE EL CORAZÓN Y LA MENTE

(Heart & Mind Coherence)
por Maria L. Ellis, BBA, MBA

En el reino donde corazón y mente se alinean,
existe una armonía que las almas iluminan.
La coherencia corazón-mente, un estado divino,
donde el bienestar florece en su camino.

Cuando corazón y mente laten en compás,
nuestro ser florece, la paz se da.
El corazón, sabio y de gran intuición,
guía al pensamiento con comprensión.

En tiempos de angustia, cuando la mente se agita,
el corazón consuela y la calma habita.
Susurra suave, con toque sutil,
mostrando el camino hacia lo gentil.

Ante decisiones, grandes o pequeñas,
la coherencia guía con fuerzas plenas.
La mente analiza, el corazón siente,
juntos enfrentan la vida valiente.

Cuando el estrés llama, sin previo aviso,
la coherencia nos eleva, nos trae el piso.
La mente divaga, los pensamientos van,
pero el corazón ancla en su noble afán.

En la alegría, cuando el alma canta,
la mente se une, y el gozo encanta.

La coherencia amplifica la emoción,
llenando de luz cada situación.

En el amor y en la relación humana,
esta unión es clave y nos hermana.
La mente comprende, el corazón conecta,
y el lazo del amor todo lo afecta.

En salud y sanación cumple su papel,
la coherencia es bálsamo fiel.
La mente aporta claridad y razón,
el corazón brinda amor y compasión.

Busquemos pues este espacio sagrado,
donde corazón y mente laten al unísono elevado.
Porque en su abrazo hallamos verdad,
una vida de plenitud y serenidad.

Cuando mente y corazón fluyen en unión,
brotan bienestar, certeza y conexión.
La coherencia entre ambos guarda la llave,
para vivir en armonía, como el alma sabe.

NUESTRO BIENESTAR

(Our Well-Being)
por Maria L. Ellis, BBA, MBA

En el reino del bienestar, las acciones son la llave,
las decisiones que tomamos, el destino que se abre.
Pues nuestro bienestar depende de cada acción,
semillas que plantamos con intención.

Cuando nutrimos el cuerpo con alimentos sanos,
frutas y verduras elegidas con manos.
Nuestro bienestar florece, fuerte y vital,
la salud se asienta en su pedestal.

El ejercicio, elección que el alma aviva,
ya sea danzando, corriendo o con meta activa.
Con cada movimiento, fluyen endorfinas,
el bienestar brilla, las penas se eliminan.

La bondad, acto simple que al corazón toca,
una sonrisa, una ayuda, palabra que invoca.
Al elevar a otros, crece nuestra alegría,
el bienestar se expande, la conexión nos guía.

En momentos de estrés, cuando la vida pesa,
la meditación y la calma son la promesa.
En el silencio hallamos la paz interior,
y el bienestar renace con suave ardor.

Aprender y crecer, camino esencial,
adquirir conocimiento es don celestial.
Cada lección amplía nuestra visión,
el bienestar se eleva como constelación.

El autocuidado, práctica del alma entera,
tomar tiempo propio, amor que libera.
Un baño tibio, un libro o caminar,
el bienestar florece, empieza a brillar.

Las relaciones, lazos que nos entrelazan,
apoyo y ternura que nunca se descalzan.
Cuando cultivamos amor y compasión,
nuestro bienestar vibra en conexión.

La naturaleza, refugio que cura e inspira,
su belleza eleva, su energía nos gira.
Montañas, océanos, bosques sin fin,
el bienestar florece en su jardín.

Recordemos entonces, con conciencia y verdad,
que nuestras acciones crean bienestar y paz.
Con elecciones sabias, la vida se transforma,
y el bienestar nos envuelve en su forma.

NO TE PUEDEN QUITAR QUIÉN ERES

(They Can't Take Away Who You Are)
por Maria L. Ellis, BBA, MBA

En las profundidades del viaje de la vida hallamos,
un sendero de gozos y lazos que amamos.
Mas entre risas y momentos de alegría,
la pérdida acecha, sin cortesía.

Oh, cuán veloz la vida puede arrebatar,
todo lo que atesoramos sin dudar,
llenando el corazón con punzante dolor,
dejándonos rotos, recordando el amor.

Y aunque nos quite aquello que apreciamos,
en los instantes de gozo fuerza hallamos.
Pues dentro del alma, en su más hondo lugar,
vive un espíritu firme, listo para brillar.

La pérdida puede tomar lo que poseemos,
pero no nuestra esencia, lo sabemos.
Seguimos siendo quienes somos en verdad,
inquebrantables, eternos, en dignidad.

Ante la oscuridad y la desesperación,
nos levantamos con el alma en expansión.
Las cicatrices narran nuestra ascensión,
testimonio vivo de nuestra redención.

Que soplen los vientos, que venga el dolor,
pues somos guerreros, brotamos en valor.
Y aunque puedan quitarnos lo material,
no tomarán nuestro ser esencial.

Porque lo que somos, en mente y corazón,
es llama eterna, pura expresión.
Cada prueba nos renueva sin cesar,
la esencia de la vida vuelve a brillar.

Acojamos el dolor que nos toca vivir,
pues revela la fuerza de resistir.
La vida puede llevar lo que amamos con ardor,
pero nunca podrá quitar quiénes somos en el interior.

LOS MISTERIOS DE LA EXISTENCIA

(The Mysteries of Existence)
por Maria L. Ellis, BBA, MBA

En el reino más allá del alcance terrenal,
se inicia un viaje espiritual y celestial.
Donde el cerebro entrega su mando final,
y la conciencia trasciende a un plano inmortal.

En el roce de la muerte, un destello hallamos,
de mundos ocultos que entrelazamos.
Donde los límites de la vida se disuelven,
y los misterios del ser se resuelven.

Mientras el cuerpo reposa en su suave respirar,
la mente despierta y comienza a viajar,
por paisajes etéreos, vastos y sagrados,
donde las semillas de la verdad son sembrados.

Cuentan historias quienes lograron volver,
de un reino al que nadie puede pertenecer.
Hablan de una luz, un resplandor sin igual,
del abrazo del amor, celestial y total.

Algunos ven túneles, pasajes de claridad,
que conducen a reinos de pura eternidad.
Otros encuentran a seres ya idos,
en un espacio donde los tiempos se han fundido.

La conciencia se expande en ríos sin fin,
más allá de los sueños del mundo ruin.
La mente danza con gracia estelar,
y el alma halla calma en el infinito lugar.

Ya sin cadenas de pensamiento mortal,
el espíritu asciende al plano astral.
El cerebro duerme, la mente vuela,
donde la oscuridad en luz se desvela.

Al contemplar tan místico viaje,
vemos al cerebro limitado en su traje.
Comprendemos que el ser esencial,
trasciende toda forma terrenal.

En el abrazo profundo de la muerte cercana,
vislumbramos la verdad soberana:
la conciencia perdura más allá del ser,
en un reino eterno, difícil de entender.

Reflexionemos, pues, en esta travesía sagrada,
donde mente y conciencia van entrelazadas.
En el umbral de la muerte, la verdad se revela,
y la historia del alma, eterna, se desvela.

REINOS MÁS ALLÁ DEL NUESTRO

(Realms Beyond Our Own)
por Maria L. Ellis, BBA, MBA

En el reino donde la vida y la muerte se rozan,
una experiencia cercana nos eleva y nos asombra.
El velo de la realidad comienza a desvanecer,
y visiones de maravilla empiezan a florecer.

Algunos hablan de túneles, un sendero brillante,
que los guía hacia una luz deslumbrante.
Un pasaje por donde el alma asciende,
mientras las preocupaciones terrenales se disuelven.

Otros se hallan en un reino sereno y divino,
rodeados de belleza en su máximo destino.
Campos de flores en tonos jamás vistos,
un paraíso donde germinan sueños benditos.

Encuentros con seres queridos del ayer,
sus presencias susurran consuelo y placer.
Reuniones de almas de tiempos pasados,
en un plano eterno donde no hay calendarios.

Visiones de ángeles, con alas de resplandor,
guiando espíritus con ternura y amor.
Su presencia etérea transmite paz y calma,
un abrazo divino que reconforta el alma.

Algunos vislumbran un panorama total,
su vida desplegada, terrenal y espiritual.
Un tapiz de momentos, de gozo y dolor,
reflejo del viaje que forja el amor.

Visitas a reinos más allá del ser,
donde los misterios cósmicos se dejan ver.
Los secretos del universo se revelan callados,
mientras el alma avanza, sin ser frenado.

En estas visiones de la casi muerte,
descubrimos la existencia en su más alta suerte.
La conciencia se expande y alcanza alturas,
traspasando límites y cerrazuras.

Aunque estas vivencias cambian de forma,
el mensaje es claro, profundo y norma:
que hay más en la vida de lo que se ve,
una vasta existencia más allá del porqué.

Que estas historias del umbral divino,
nos recuerden la belleza del destino.
Los misterios de la vida son grandiosos y vastos,
un viaje sagrado de infinitos contrastos.

Porque en el reino donde la muerte se insinúa,
vislumbramos lo que el alma intuye:
que la vida es un don de suprema intención,
y existe un propósito mayor en cada corazón.

UNA DANZA CÓSMICA
DE MENTE Y ALMA

(A Cosmic Dance of Mind and Soul)
por Maria L. Ellis, BBA, MBA

Desafiando los límites de nuestra visión mortal,
estas experiencias rompen lo terrenal.
Percepciones destruidas, creencias girando,
un tapiz de verdades dentro va vibrando.

Ante la inminencia del llamado final,
nuestra noción de realidad se vuelve irreal.
Lo que antes parecía sólido y seguro,
se torna fluido, incierto y oscuro.

Las dimensiones se mezclan, el tiempo se disuelve,
la conciencia viaja, el misterio se envuelve.
Una danza cósmica entre mente y alma,
donde los secretos se abren con calma.

Los límites del yo comienzan a desvanecer,
una vasta existencia se deja ver.
Conectados al universo, cerca y lejos,
percibimos el lazo de todos los reflejos.

Lo que antes parecía separado y distante,
ahora es unión, vibrante e importante.
El mensaje profundo que todo esto enseña,
es que el amor y la compasión son la verdadera seña.

Pues en esos momentos entre vida y muerte,
se siente el poder del amor que revierte.

El impacto del cuidado, el eco del bien,
trasciende fronteras, sana también.

Aprendemos que la vida es más que apariencia,
un tejido de energía en plena consciencia.
La realidad no es más que un velo fugaz,
hay una verdad más profunda y veraz.

Estas experiencias nos invitan a explorar,
las profundidades del ser y del amar.
A cuestionar los límites de la percepción,
y abrazar el misterio sin condición.

Que las vivencias cercanas a la muerte nos recuerden,
abrir el corazón, que el amor nos enciende.
Apreciar los momentos, grandes o pequeños,
pues todos forman parte del mismo diseño.

Frente al velo oscuro de la muerte y su sombra,
hallamos el valor que la fe nos nombra.
Abrazamos lo desconocido, confiamos, creemos,
que en el gran diseño más lejos iremos.

Dejemos que estas visiones expandan la mente,
sobre lo posible, lo eterno, lo latente.
Celebremos el milagro, la magia, el vivir,
pues esta preciosa vida es un don por compartir.

TÚ TIENES LA LLAVE DE LA FELICIDAD

(You Hold the Key to Happiness)
por Maria L. Ellis, BBA, MBA

En un mundo donde la felicidad brilla con fulgor,
hay almas tristes que intentan apagar su color.
Pero no temas, querido amigo fiel,
pues tú tienes la llave, la guardas en tu ser.

Aléjate de quienes siembran desolación,
de los profetas del miedo y la frustración.
Sus palabras hieren, te pueden abatir,
mas tú tienes el poder de resistir.

Rodéate de luz, de amor y alegría,
protege tu mente de la melancolía.
Nutre tu cuerpo con cuidado y ternura,
abraza los momentos de paz y dulzura.

Protege tu espíritu, déjalo volar,
ante la oscuridad, deja tu gozo brillar.
Encuentra consuelo en la risa y el canto,
en la naturaleza y su eterno encanto.

Porque la felicidad es un tesoro sagrado,
una llama interior que nunca ha cesado.
Protégela con fuerza, como joya divina,
y deja que las almas tristes sigan su rutina.

Recuerda, querido amigo, tu dicha es tuya,
para cuidar, para honrar, que nada la destruya.

Aléjate de quienes buscan apagar tu luz,
y deja que tu espíritu, en gozo, reluzca en plenitud. ✦

AMANDO TU VIDA

(Loving Your Life)
por Maria L. Ellis, BBA, MBA

En un mundo tan vasto y lleno de esplendor,
encuentro consuelo al amar mi vida con fervor.
Desde la brisa suave que acaricia mi piel,
hasta la risa de mis seres queridos, dulce y fiel.

Aprecio los momentos, grandes y pequeños,
pues son los cimientos de mis sueños eternos.
Un amanecer pintando el cielo de color divino,
me recuerda disfrutar cada instante del camino.

El canto de los pájaros, sinfonía en el aire,
me enseña a admirar la belleza que nadie compare.
Las travesuras de un gato, alegres y sinceras,
me invitan a gozar las horas pasajeras.

Con intención y fe, mi vida creo,
llena de amor, alegría y deseos que veo.
Con gratitud en el alma, atraigo mi suerte,
manifestando sueños que encienden mi mente.

El abrazo amado, cálido y leal,
me recuerda el amor en su forma ideal.
Una charla profunda, dos almas en unión,
fortalece lazos que guardo en mi corazón.

Al amar mi vida, hallo calma y plenitud,
abrazando experiencias con gratitud.
La vida es un regalo, un tesoro sagrado,
y al vivirla con amor, mi espíritu ha despertado.

Celebremos juntos la belleza que hay,
en cada ser vivo, en quien nos da paz.
Porque al amar la vida, irradiamos luz y calor,
creando un mundo de alegría y amor.

LA DIVERSIDAD ES HERMOSA

(Diversity Is Beautiful)
por Maria L. Ellis, BBA, MBA

En un mundo tan diverso, donde los colores se abren,
es vital celebrar a cada alma que arde.
Porque en el tapiz de la vida, tejido con esmero,
la belleza de la individualidad no tiene paradero.

Desde el vuelo elegante de un ave majestuosa,
hasta los patrones del ala mariposa, tan curiosa.
Cada criatura viviente, del mar a la tierra,
posee una belleza que su libertad encierra.

La fuerza del león, valiente y feroz,
que en la sabana ruge con poderosa voz.
La delicadeza del cisne, flotando en el lago,
deslizándose en calma, dejando su trazo.

Una flor que florece, vibrante y sin igual,
cada pétalo una obra de arte celestial.
El susurro del viento entre los árboles va,
una sinfonía de la naturaleza, que al alma da paz.

En cada persona, una historia se revela,
un viaje de logros y luchas que desvela.
Las cicatrices y fallas que la hacen brillar,
son las huellas del alma que sabe amar.

La risa de un niño, pura y sincera,
nos recuerda la inocencia que el tiempo libera.
La sabiduría del anciano, templada por los años,
sus historias son joyas de sabios peldaños.

Al celebrar lo único, creamos conexión,
abrazando la diversidad con el corazón.
Porque al ver la belleza en cada ser viviente,
creamos un mundo armonioso y coherente.

Celebremos entonces, con mente y alma abierta,
la belleza de las diferencias que la vida despierta.
Porque en honrar la diversidad, hallamos verdad,
un mundo donde el amor y la aceptación son realidad. 

CREA UN FUTURO QUE TE HAGA LIBRE

(Create a Future That Sets You Free)
por Maria L. Ellis, BBA, MBA

En lo profundo de tu mente, una historia se revela,
un cuento de errores y de lucha que desvela.
Pero escucha bien, amigo querido,
pues hay una verdad que cambiará tu destino.

Deja de contarte esa vieja narración,
la que encierra tu espíritu en prisión.
Porque en esas palabras fijas tu suerte,
creando barreras que apagan tu mente.

Libera las cadenas del arrepentimiento,
y abre el alma a un nuevo movimiento.
El poder está dentro de ti, en tus manos,
para reescribir tu historia y tus planos.

Deja atrás lo que falló ayer,
toma la enseñanza, deja de doler.
Aferrarte al pasado solo te ata,
y tus sueños, sin alas, se desbaratan.

En cambio, imagina un futuro radiante,
lleno de luz y esperanza vibrante.
Cuéntate una historia de fuerza y valor,
que impulse tu vida hacia un nuevo ardor.

Abraza el poder que dentro de ti habita,
y deja que tu potencial se despita.

Eres el autor de tu propio camino,
con el poder de triunfar en tu destino.

Deshazte de las dudas que te detienen,
y emprende la senda donde tus sueños vienen.
Crea una historia de gozo y verdad,
donde tu espíritu vuele en libertad.

Así que escucha, amigo, esta verdad sencilla:
deja la historia vieja que aún te encasilla.
Porque en tu presente tienes la llave,

para crear un futuro que libre te sabe.

CELEBRA TU PROPIA VIDA

(Celebrate Your Own Life)
por Maria L. Ellis, BBA, MBA

En las sombras del dolor de ayer,
se esconde la oportunidad de renacer.
Porque la historia que cuentas es tuya para crear,
un lienzo de posibilidades listo para pintar.

Deja atrás los remordimientos que te atan,
y abraza el amanecer donde los sueños se desatan.
Al reescribir tu historia con fe y pasión,
descubres en ti el poder de la superación.

Imagina ser el protagonista valiente,
que vence sus miedos y avanza libremente.
Ya no prisionero de errores pasados,
sino un alma que se eleva, con ojos iluminados.

Como un fénix surgiendo del ardiente polvo,
tú también puedes liberarte del entorno tosco.
Deja las páginas que pesan en el ayer,
y escribe un futuro donde puedas florecer.

Cada fracaso es lección, no condena,
un peldaño más en tu cadena.
El dolor y la pena moldean tu ser,
pero no definen lo que puedes hacer.

Reescribe tu historia con valentía y amor,
acepta los retos sin temor.
Abandona las dudas que te hacen caer,
y abre un camino nuevo por recorrer.

Como la oruga que en mariposa se convierte,
tú también puedes alzar vuelo y ser fuerte.
Deja el capullo del pasado atrás,
y despliega tus alas hacia la paz.

Toma tu pluma, el poder es tuyo,
para escribir un destino tan grande como el orgullo.
Una historia de fuerza, amor y esperanza,
donde el alma florece con confianza.

Tal vez sea dejar una relación que daña,
y reencontrarte contigo sin maraña.
O elegir la carrera que enciende tu fuego,
sin seguir caminos que no son tu juego.

Quizá perdonarte por lo que hiciste ayer,
y abrazar el amor propio que empieza a nacer.
Soltar el miedo a lo desconocido,
y crear un futuro colorido.

Así que, amigo mío, toma esta oportunidad,
y reescribe tu historia con claridad.
Deja atrás el dolor, la culpa y el pesar,
y crea una vida digna de celebrar.

A MIS QUERIDOS
PADRES Y HERMANOS

(To My Loving Parents and Siblings)
por Maria L. Ellis, BBA, MBA

En un mundo lleno de amor y de gracia,
encuentro consuelo en su dulce abrazar.
A ustedes, mis amados padres, dedico este verso,
para expresar mi gratitud en ritmo inmerso.

A mi querido padre **Fausto**, hombre de fe sincera,
con corazón agradecido que siempre prospera.
Me enseñaste a creer en algo superior,
a hallar fortaleza en el dolor y el ardor.

Y a mi amada madre **Jenny**, alma visionaria,
cuya visión hizo de nuestra familia una diaria
celebración de amor, unión y verdad,
tu espíritu firme es mi faro en la oscuridad.

Yo, **María**, la mayor, mujer sabia y fuerte,
hermana, esposa y amiga de gran suerte.
Tu ejemplo de valor y resiliencia sin fin,
nos guió en la vida, por senderos sin confín.

A **Francisco**, el hermano mayor y bondadoso,
protector leal, noble y generoso.
Tu amor y apoyo son suelo firme,
en tu abrazo, todo mal se redime.

A **Zulema, Sergio y Rubén**, mis hermanos queridos,
en su cariño hallo mis latidos.

Con gratitud eterna me inclino ante ustedes,
bendecida por el amor que siempre me ceden.

Hoy levanto mi voz con emoción y ternura,
agradeciendo su amor, su fe y su dulzura.
Gracias por vuestro amor sin medida,
por ser mi raíz, mi fuerza, y mi guía en la vida. 💜

ABRAZANDO EL AUTOCUIDADO

(Embracing Self-Care)
por Maria L. Ellis, BBA, MBA

En un mundo que gira con ritmo implacable,
donde el caos reina y el estrés es palpable,
existe un sendero sereno y brillante,
un viaje interior hacia la luz vibrante.

Llega el autocuidado, suave y sincero,
una práctica de amor puro y entero.
Entre sus dones, el yoga se eleva,
una unión divina que cuerpo y alma lleva.

Con cada *asana*, danza de fortaleza,
hallamos equilibrio, paz y nobleza.
Del *perro boca abajo* al *guerrero audaz*,
respiramos profundo y dejamos atrás.

En la quietud de una exhalación serena,
liberamos tensión, disolvemos pena.
Al fluir con el sol en su salutación,
despierta el cuerpo con vibración.

Yoga enseña paciencia infinita,
un regalo del alma que nos invita.
A soltar el control, rendirse y sentir,
abrazando el presente, dejando fluir.

En *postura del árbol*, raíces hallamos,
con la Tierra firme nos conectamos.
Como un tronco fuerte al viento sutil,
encontramos calma, poder sutil.

Y en la profundidad de la meditación,
surge la claridad, divina revelación.
La mente se aquieta, el ruido se va,
y en el silencio, la paz brillará.

Yoga no vive solo en el tapete,
es filosofía que el alma respete.
Nos enseña a nutrir cuerpo y mente,
a cuidarnos siempre, amorosamente.

Con autocuidado y yoga, florece el ser,
brota la dicha, el renacer.
Surge la calma que todo lo cura,
la fuerza interior que nunca se apura.

Abracemos el autocuidado sin temor,
dejemos que yoga nos enseñe el amor.
Porque el viaje más bello y sagrado,
es el regreso al yo, pleno y amado.

AMOR, SALUD Y FELICIDAD

(Love, Health & Happiness)
por Maria L. Ellis, BBA, MBA

En un mundo sediento de amor y bienestar,
el compromiso con la felicidad es un arte singular.
Pues en esta búsqueda, hallamos la verdad profunda,
que la luz del gozo al alma circunda.

Comprometerse con el amor, acto transformador,
es elegir abrazar y sembrar calor.
En momentos tiernos, en pasión sincera,
tejemos la gracia que el alma espera.

Como ondas que el agua hace vibrar,
el amor se expande sin cesar.
Toca corazones, une fronteras,
su fuerza divina nunca desespera.

Comprometerse con la salud, voto sagrado,
cuidar el cuerpo que nos ha sido dado.
Con alimentos sanos y atención diaria,
honramos la vida, energía necesaria.

En el sudor del ejercicio hallamos alivio,
una paz interna, un fluir masivo.
Con cada paso y respiración tomada,
la vitalidad renace, el alma elevada.

Comprometerse con la dicha, decisión radical,
una luz que brilla en forma celestial.
Pues al abrazar la alegría interior,
irradiamos esperanza, amor y valor.

En la risa sincera hallamos consuelo,
vuelo del alma hacia el cielo.
En placeres simples, grandes o pequeños,
florece la dicha, tejido de sueños.

Y al unir amor, salud y alegría,
nace una vida plena, en armonía.
La felicidad no amenaza ni distrae,
simplemente ilumina y nos atrae.

Porque en la sombra, una chispa basta,
para encender la llama que nunca desgasta.
Y al comprometernos con la felicidad,
contagiamos amor y serenidad.

Abracemos, pues, esta noble intención,
vivir con amor, salud y devoción.
Porque al hacerlo, el mundo resplandece,
y la luz de la dicha jamás perece.

ALCANZANDO LAS ESTRELLAS

(Reaching for the Stars)
por Maria L. Ellis, BBA, MBA

En la búsqueda de sueños, alzo mi mirar,
no busco equilibrio, sino el cielo tocar.
Con pasión ardiente y deseo sin fin,
emprendí un viaje, lista para el confín.

"No busqué equilibrio," un día exclamé,
"solo hacer mis sueños realidad, como soñé."
Porque el balance, aunque sereno y claro,
a veces ata al espíritu más raro.

Con osadía y valor tracé mi sendero,
sin miedo a apartarme del rumbo primero.
Abracé el caos, los altos y bajos,
pues en el cambio florecen los trabajos.

Libre del mito del punto perfecto,
me lancé al abismo, mi rumbo electo.
Porque al perseguir los sueños sin fin,
hallamos la vida, su pulso y su festín.

Entre noches sin sueño y días de labor,
empujé los límites, vencí el temor.
Los retos enfrenté con firme voluntad,
decidida a subir con tenacidad.

Y en esa carrera valiente y real,
descubrí una verdad de valor inmortal:
el equilibrio llega, sin ser buscado,
cuando el sueño se hace logrado.

La dicha del triunfo, su canto sin par,
trae armonía y paz a nuestro andar.
No busqué equilibrio, y es la verdad,
pero al soñar despierta, encontré bondad.

No nos limitemos al balance ideal,
abracemos la vida, su viaje vital.
Porque al seguir los sueños, vastos y audaces,
hallamos el equilibrio que en el alma yace.

LA SEXUALIDAD FEMENINA

(Women's Sexuality)
por Maria L. Ellis, BBA, MBA

En el reino de la sexualidad, la edad no tiene fronteras,
Un derecho de nacimiento sagrado, donde el placer impera.
No hay límites a la profundidad que podemos explorar,
Ejemplos abundan del espíritu y su arte de amar.

En los años del ocaso, aún brilla la llama del querer,
La pasión se enciende, desafiando el poder del envejecer.
Una pareja anciana, con las manos entrelazadas,
Descubre nuevos mundos, almas siempre enamoradas.

En la juventud que florece, los deseos despiertan,
Exploran sus cuerpos, las emociones se inquietan.
Dos almas unidas, hallando su delicia,
Desatan sus espíritus en un beso de caricia.

A lo largo del espectro de género e identidad,
La sexualidad florece con toda diversidad.
Del toque de una mujer a la caricia de un varón,
Del amor entre iguales a una nueva expresión.

En el reino del deseo, el poder se entreteje,
Explorando los límites, el consentimiento protege.
De lo dominante a lo sumiso, el placer se despliega,
Un tapiz de anhelos que la historia entrega.

En la senda del poliamor, el amor no conoce medida,
Corazones múltiples, confianza compartida.
Explorando conexiones, construyendo puentes de unión,
Abrazando la libertad como sagrada bendición.

Y para los exploradores del placer interior,
La masturbación celebra el amor propio y su fervor.
El poder del cariño hacia uno mismo se revela,
Cuidando el alma en su danza más bella.

Celebremos, pues, la infinita expansión,
De la sexualidad humana, su divina expresión.
No existen techos ni fronteras que la puedan frenar,
Porque el placer y el amor, por siempre han de reinar.

UNA DIOSA SIN EDAD

(An Ageless Goddess)
por Maria L. Ellis, BBA, MBA

En el reino donde los deseos se encienden,
Donde Venus danza, pura y resplandeciente,
Revelando poderes profundamente tejidos,
Un tapiz de pasión, libremente concebido.

La mujer, un enigma, una fuerza indomable,
Su sexualidad, una llama inquebrantable,
Una sinfonía de curvas, arte celestial,
Desatando el fuego del amor esencial.

Venus, la diosa, su esencia divina,
Despierta sin límites, su espíritu se alinea.
Con cada toque florece el despertar,
Una danza de placer que ahuyenta el pesar.

En su abrazo, el mundo cobra vida,
Nutre pasiones, las hace encendida.
Su sensualidad, un portal a explorar,
Un reino sagrado, eterno en su amar.

En sus susurros, secretos se entrelazan,
Deseos ocultos que juntos abrazan.
Goza del placer sin miedo ni afán,
Celebrando el amor, sin juicio ni afán.

Su espíritu, libre, salvaje y sincero,
Revela verdades que solo ella ve primero.
Su sexualidad, una fuerza que ondula,
Un poder que vibra y nunca se anula.

Honremos, pues, a la diosa interior,
Abracemos su fuego, su eterno ardor.
Porque la sexualidad femenina es don y ternura,
Un testimonio vivo del poder del amor y su dulzura.

SEXO Y ESPÍRITU

(Sex and Spirit)
por Maria L. Ellis, BBA, MBA

En el reino donde arde la pasión,
Habita el poder del deseo femenino en expansión.
Una fuerza que quema con intensidad,
Desatando la magia de su sensualidad.

Con cada movimiento de sus caderas,
Enciende susurros, miradas sinceras.
Su confianza es imán que atrae sin temor,
Intriga mentes, desafía lo opresor.

Ella es la encarnación de la sensualidad,
La musa de la divina feminidad.
Desde la mirada seductora de Cleopatra,
Hasta Frida Kahlo, valiente y abstracta.

Como el encanto ardiente de Marilyn Monroe,
O las palabras eternas de Maya Angelou,
La sexualidad femenina no tiene fronteras,
Rompe cadenas, transforma barreras.

Desde el baile audaz de Josephine Baker,
Hasta el valor de Malala Yousafzai, que no cede ni flaquea,
Las mujeres hallaron su poder interior,
Desafiando normas, abrazando el amor.

En la intimidad reclama su trono,
Su placer, un lenguaje que ella entona.
Conoce su cuerpo, su ritmo, su gozo,
Sin culpa ni miedo, con amor hermoso.

En la pasión halla su voz sincera,
Elige su deseo, su bandera entera.
Celebra su placer sin restricción,
Creando un mundo de libre expresión.

Porque la sexualidad femenina es don sagrado,
Fuente de fuerza y amor elevado.
Tiene el poder de sanar y crear,
De unir las almas y el destino transformar.

Honremos y celebremos su vibrar innato,
El poder femenino, eterno y sensato.
En su abrazo hallamos liberación y belleza,
Un testimonio vivo de amor y nobleza.

NUESTRA ANATOMÍA ERÓTICA

(Our Erotic Anatomy)
por Maria L. Ellis, BBA, MBA

En un mundo donde la vergüenza se deja atrás,
celebremos el placer propio, sin nada que ocultar.
Abrazando el poder que en nuestras manos está,
liberando deseos, un viaje sin par.

Porque la sexualidad femenina es llama sagrada,
una fuerza que nunca debe ser domada.
En el reino del placer, su dominio real,
donde el gozo y la plenitud viven sin final.

Con cada toque, cada caricia, una sinfonía se alza,
mientras el placer fluye y el alma se abraza.
El poder del placer propio, un don divino,
desata deseos, deja brillar el destino.

En el santuario del ser, hallamos consuelo y paz,
un instante de unión, donde todo se va.
Porque la sexualidad femenina guarda la llave,
de nuestra felicidad, del alma que se abre.

Placer sin límites, derecho que reclamamos,
celebración de deseos que ya no ocultamos.
En el sagrado abrazo del placer interior,
nos honramos a nosotras, hallando el valor.

Regojicémonos, pues, en el placer que buscamos,
sin juicio ni estigma, que hable el alma en sus cantos.
Porque el placer sin culpa es un camino a explorar,
un viaje de amor propio que vuelve a sanar.

En el abrazo del placer supremo y sereno,
hallamos libertad en cada gesto tierno.
Pues la sexualidad femenina es fuerza que inspira,
fuente de gozo que jamás conspira.

Reclama tu placer, con confianza y poder,
abraza la llama interna, deja tus deseos nacer.
Porque el placer sin límites es tu derecho, amiga mía,
en el reino del amor propio, que reine la alegría.

UNA CREADORA PLACENTERA

(A Pleasurable Creator)
por Maria L. Ellis, BBA, MBA

En el templo sagrado de nuestro ser,
existe un portal, una fuente de poder.
Nuestra vagina, vasija de creación y placer,
espacio sagrado donde la magia puede florecer.

Oh, cómo guarda el poder de encender,
las llamas del deseo que arden al renacer.
Creadora placentera, portal divino,
que libera deseos en un dulce destino.

Abrazando la esencia de la magia sexual,
canalizamos energía vital y celestial.
A través del tacto, de la íntima unión,
danzamos el placer, en pura conexión.

Dar y recibir, arte de sutileza,
sinfonía de sentidos, pura belleza.
Explorando la profundidad del placer,
hallamos el éxtasis en cada querer.

Pues la diosa del gozo habita en nosotras,
fuerza divina que nunca se agota.
Con risa y alegría emprendemos el viaje,
honrando el deseo como sagrado mensaje.

Gocemos, pues, del placer compartido,
con corazones abiertos, sin ser reprimido.
En el reino del gozo nos volvemos divinas,
diosas del placer, almas cristalinas.

Con cada suspiro, cada gemido al volar,
en el reino del fuego, aprendemos a amar.
Porque nuestro portal sagrado guarda la llave,
que abre el poder del éxtasis suave.

Celebremos, entonces, con reverencia y emoción,
la belleza del placer en toda ocasión.
Pues en la magia sexual hallamos la dicha,
un viaje de amor que nunca termina.

Abraza tu diosa interior, déjala brillar,
en el reino del placer, déjala guiar.
Porque nuestro portal sagrado es divino altar,
fuente de magia, donde todo puede amar.

UN RECIPIENTE DE GRACIA

(A Vessel of Grace)
por Maria L. Ellis, BBA, MBA

En las profundidades del ser, donde habita la fuerza,
reposa un poder indómito, donde la vida se dispersa.
Nuestro cuenco pélvico, recipiente de gracia,
guarda los secretos de nuestra sagrada estancia.

Dentro de este vaso sagrado, las historias se abren,
de fortaleza y resistencia, de almas que no se quiebran.
El poder de la pelvis, fuerza tan profunda,
ancla de equilibrio, donde la vida se funda.

Como raíces de un árbol que al suelo se aferran,
la pelvis nos sostiene, mientras los sueños se albergan.
Acuna nuestros órganos, el centro vital,
contenedor sagrado, libre de mal.

En el parto se abre, fuerte y expandida,
trayendo al mundo el milagro de la vida.
La pelvis, un portal donde todo comienza,
testimonio del poder que en nosotras se siembra.

En la danza se mece, con ritmo divino,
expresando emociones, lenguaje genuino.
Se mueve con gracia, siguiendo el compás,
fuerza poderosa, armonía total.

En el amor palpita, danza tan íntima,
uniendo los cuerpos, conexión legítima.
La pelvis, recipiente donde el placer mora,
libera deseos, pasión que aflora.

En yoga y movimiento halla su fluir,
dejando que la energía comience a latir.
La pelvis, canal por donde la vida circula,
fuente de vitalidad, donde el alma se vincula.

Honremos, pues, el poder de nuestro cuenco interior,
con gratitud y reverencia, con cuerpo y amor.
Porque en sus profundidades la fuerza se esconde,
espacio sagrado donde el poder responde.

Abraza el poder de tu pelvis, amiga querida,
pues guarda la magia, principio y vida.
En su gracia y fuerza, deja tu espíritu elevar,
y libera el poder que en ti quiere brotar.

¡ERES UNA OBRA MAESTRA!

(You Are a Masterpiece!)
por Maria L. Ellis, BBA, MBA

En el reflejo del espejo, contempla lo divino,
una diosa se alza ante ti, radiante y genuino.
No busques compararte ni alcanzar perfección,
pues en ti habita la belleza en toda dirección.

Abraza las curvas que adornan tu ser,
cada línea y contorno, una obra al nacer.
Tu cuerpo, lienzo donde el arte mora,
reflejo del universo, su marea sonora.

Tus ojos, como gemas que al alma iluminan,
guardan un universo donde las historias germinan.
Ventanas del alma, brillan sinceras,
revelan tu esencia, pura y entera.

Tu sonrisa, faro de gozo y dulzura,
ilumina al mundo con su hermosura.
Habla de risas, de amor y de gracia,
testimonio del encanto que en tu rostro se abraza.

Tu voz, melodía de tono suave y fuerte,
sinfonía que inspira, canto de suerte.
Con cada palabra, empoderas y elevas,
flor divina, esencia que revelas.

Tu espíritu, llama que arde con pasión,
te guía en la vida, en constante ascensión.
En tu autenticidad hallas tu poder,
presencia de diosa en cada amanecer.

Abraza la belleza que en tu alma reposa,
pues eres diosa, completa y hermosa.
No cambies tu esencia, ni busques igualar,
pues brillas con fuerza, estrella sin par.

Celébrate, diosa divina, con amor y verdad,
abraza tu unicidad, tu eterna bondad.
Porque eres una obra maestra, arte celestial,
una diosa perfecta, desde tu origen vital.

ABRAZA EL PLACER

(Embrace the Pleasure)
por Maria L. Ellis, BBA, MBA

En el reino del tacto, donde el placer habita,
dejemos que el instinto guíe y nos invita.
Abraza las sensaciones, suaves y audaces,
sinfonía eterna que el alma deshace.

En el calor del abrazo de un ser amado,
hallamos consuelo, refugio sagrado.
Juntos danzamos, cuerpos entrelazados,
el placer despierta, temores callados.

Caricias suaves, susurros en la piel,
encienden deseos, pasión de miel.
Dedos que trazan caminos de emoción,
exploran lo oculto, pura devoción.

En el reino del tacto, el placer nos guía,
con cada beso, cada melodía.
Saborea el instante, entrégate al gozo,
pues el placer no conoce reposo.

Suelta tus miedos, libera el control,
deja que el placer abrace tu sol.
En el reino del tacto hay liberación,
celebra el deseo sin contención.

El placer no tiene límites ni normas impuestas,
es lenguaje íntimo, verdad manifiesta.
Escucha tu instinto, confía en su voz,
pues el placer te llama, sagrado y feroz.

Abraza el placer, salvaje y tierno,
sin juicios ni culpas, amor eterno.
En la danza del tacto hallarás el tesoro,
del éxtasis puro, placer sin decoro.

ENTRÉGATE AL PLACER

(Surrender to Pleasure)
por Maria L. Ellis, BBA, MBA

En el reino del placer debemos rendirnos,
a las olas embriagantes que vienen a fundirnos.
Soltemos temores, abracemos lo desconocido,
dejemos que el placer nos lleve al paraíso.

Como el calor del sol en un día de verano,
nos bañamos en placer, radiante y humano.
Un toque suave que enciende el fuego interior,
mientras los dedos danzan en piel y ardor.

Como el sabor del chocolate, rico y divino,
que se funde en la lengua, dulce camino.
Deleitándonos en placer, saboreando el instante,
viajamos al éxtasis, gozo vibrante.

Como el sonido de la música, sinfonía de pasión,
melodías que besan en pura emoción.
El ritmo del placer, dulce y envolvente,
nos guía en la danza del éxtasis latente.

Como el aroma de las rosas que inunda el aire,
fragancia que susurra: "ven, si te atreves a amarme."
Inhalamos placer, puro y embriagador,
viaje sensorial de ensueño y fervor.

Como el brillo de las estrellas en la noche callada,
pintando deseos en su luz encantada.
Contemplamos el placer en su resplandor etéreo,
mientras revela sueños del misterio más serio.

Entrégate al placer, déjalo guiar,
en su dulce abrazo déjate llevar.
Pues el placer es un don para explorar,
sinfonía de sentidos que invita a amar.

LLEVA LO SAGRADO
A TU SEXUALIDAD

(Bring Sacred into Your Sexuality)
por Maria L. Ellis, BBA, MBA

En el reino de la pasión, deja que lo sagrado habite,
revelando deseos que el alma invite.
Abraza lo divino en la danza de dos almas,
en la unión sagrada donde el amor se desarma.

Deja que los susurros del respeto guíen tu toque,
mientras exploran sus cuerpos sin reproche.
Despiertan los sentidos, la llama encendida,
en el espacio sagrado donde el placer cobra vida.

Inhala la esencia de lo divino y puro,
déjala fluir en tu ser más seguro.
Abraza tu poder, deja el temor atrás,
pues en la unión sagrada perfecta estás.

En cada caricia tierna fluye la energía,
conectando las almas en dulce armonía.
Suelta lo mundano, entra en lo sublime,
donde el tiempo no existe ni el alma se reprime.

En la unión sagrada hallas gracia y libertad,
abraza tu sexualidad con total integridad.
Rompe las cadenas que impiden gozar,
y siente el placer en su forma más natural.

Porque el placer es sagrado, digno de honor,
nace en lo profundo del fuego y del amor.

Abre tu corazón, deja que el amor te guíe,
empodera tu cuerpo, que el alma te inspire.

Crea un santuario donde el placer florezca,
en el espacio sagrado donde el deseo crezca.
Hazle lugar al gozo, deja que reine en ti,
pues en la unión sagrada el alma es feliz.

Abraza lo sagrado, deja que baile el deseo,
en el reino de la pasión, elévate sin miedo.
Empodera tu ser, deja al placer gobernar,
y despierta lo divino en tu sueño sensual.

¡ÁMATE A TI MISMA!

(Love Yourself!)
por Maria L. Ellis, BBA, MBA

En un mundo que busca conformidad sin fin,
atrévete a ser valiente, deja brillar lo que hay en ti.
Dentro de tu alma habita una historia por revelar,
eres una obra maestra, única, sin igual.

Abraza el espejo con mirada de amor,
contempla la belleza que irradia tu interior.
Deja atrás las dudas, los juicios, el dolor,
pues eres faro de luz en este viaje interior.

Con el valor como armadura y el amor propio como guía,
abraza tu esencia, deja fluir tu energía.
Celebra tus fallas, te hacen especial,
un tapiz de vivencias, magia terrenal.

Eres sinfonía, melodía divina,
cada nota revela tu esencia cristalina.
Libera tus pasiones, déjalas brillar,
pues el destino está en tus manos, lista para crear.

En lo más profundo de tu ser hallarás amor,
abraza tu valía, escucha tu interior.
Eres digna de ternura, de bondad infinita,
diosa eterna, alma bendita.

Honra tu templo, tu cuerpo sagrado,
nútrelo con amor, cuídalo a tu lado.
Dentro de ti yace un universo escondido,
espacio divino, valor florecido.

Abraza tu unicidad en cada respirar,
eres diosa de amor que no deja de amar.
Ten el valor de amarte, con fuerza y verdad,
y verás reflejado ese amor en toda la humanidad.

VIVE DESDE UN LUGAR CENTRADO EN EL CORAZÓN

(Live from a Heart-Centered Place)
por Maria L. Ellis, BBA, MBA

En el reino de la conexión, donde las almas se entrelazan,
habita el poder de co-crear, unión que abraza.
Con el corazón como brújula que marca el camino,
emprendemos un viaje de amor genuino.

En la alianza co-creativa unimos mente y manos,
fusionando pasiones, propósitos humanos.
Juntos tejemos un tapiz de luz y color,
bailando por la vida guiados por el amor.

Desde un corazón centrado, creamos e inspiramos,
con la llama del amor que siempre avivamos.
Unidos por respeto y mutua confianza,
manifestamos sueños con dulce templanza.

Con corazones abiertos escuchamos y sentimos,
apoyándonos siempre, juntos fluimos.
En esta unión sagrada crecemos y florecemos,
cuidando las semillas del amor que sembramos.

A través del poder de la co-creación hallamos armonía,
equilibrando unidad e individualidad cada día.
Celebramos la gracia que a cada uno distingue,
honrando la belleza que la unión nos brinda y distingue.

En esta alianza el mundo es nuestro lienzo,
jardín del amor, espacio inmenso.

Con valor y entrega cruzamos lo incierto,
creando un legado de amor eterno.

Abracemos, pues, el gozo de co-crear,
viviendo desde el corazón, dejando al amor guiar.
Juntos transformamos, inspiramos y sanamos,
pues en la unión sagrada al amor regresamos.

UNA VIDA PLENAMENTE VIVIDA

(A Life Lived Fully)
por Maria L. Ellis, BBA, MBA

En el reino de los sueños, donde habita la posibilidad,
existe una filosofía que llena mi alma de felicidad.
Soñar mi vida como si llegara a los ciento doce,
y abrazar cada día como si recién florece.

Con la esperanza como guía, visualizo mi andar,
una vida de salud y gozo, sin nada que lamentar.
Pinto en mi mente un lienzo de vitalidad,
creando un futuro de dicha y serenidad.

Desde el instante en que despierto, con gratitud me alzo,
abrazando el día con asombro y regocijo manso.
Porque este día, en el que vuelvo a abrir los ojos,
es un regalo precioso, libre de enojos.

Valoraré cada respiro, cada latido del corazón,
viviendo presente, en plena conexión.
Con entusiasmo por la vida y ansias de aprender,
abrazaré la aventura y volveré a renacer.

Nutriré mi cuerpo, mi mente y mi espíritu,
eligiendo caminos que me mantengan íntegro y lúcido.
Con atención consciente cuidaré mi bienestar,
construyendo una vida digna de admirar.

Pero no se trata solo de mí, en esta visión que sostengo,
pues en el viaje de la vida, juntos aprendemos.
Inspiraré a otros con mi espíritu brillante,
animándolos a soñar, a creer, y a ir adelante.

Juntos crearemos un mundo sin fronteras,
donde la edad no limite, y la esperanza prospera.
Con la alegría como brújula, cada día viviremos,
haciendo que cada instante valga lo que somos.

Soñemos nuestras vidas como si llegáramos a ciento doce,
abrazando cada día, dejando que el alma goce.
Porque en el poder del ahora, el presente nos llama,
a vivir plenamente, con amor que inflama.

TIENES EL PODER DE CAMBIAR

(You Have the Power to Change)
por Maria L. Ellis, BBA, MBA

En el reino de la posibilidad, tú tienes la llave,
para cambiar tu destino, si así lo sabes.
Con pequeños ajustes o giros profundos,
posees el poder de elevar tus mundos.

La claridad es la brújula que marca dirección,
definiendo tus metas con firme intención.
Con visión clara estableces tu camino,
y comienzas el viaje de cambio divino.

Pero no es solo el entusiasmo el que te hace empezar,
es la acción constante la que te hará avanzar.
Presentarte cada día, dar lo mejor de ti,
crea la vida que mereces vivir así.

Romper los malos hábitos es un acto valiente,
reemplazarlos con acciones conscientes.
La abundancia te espera si crees en tu ser,
y das los pasos que te harán renacer.

Cambiar de carrera, reto sin igual,
buscando un propósito que dure y sea real.
Con enfoque y determinación encontrarás,
el camino que tu alma siempre anhelará.

Así que sueña en grande, apunta alto y fiel,
con cada esfuerzo alcanzarás el cielo también.
Recuerda, el poder de cambiar vive en tu interior,
abrázalo por completo y empieza con amor.

CREA LA VIDA QUE REALMENTE MERECES

(Create the Life You Truly Deserve)
por Maria L. Ellis, BBA, MBA

Para crear la vida que mereces vivir,
hay acciones valientes que debes seguir.
Todo comienza con una visión clara y brillante,
que guíe tus pasos, constante y vibrante.

Primero, cree en ti, sin dudar jamás,
pues la fe en uno mismo es poder y paz.
Abraza tu valor, tu voz interior,
y deja que tus sueños marquen tu ardor.

Luego fija tus metas, pequeñas o grandes,
escríbelas con fuerza, con manos firmes y radiantes.
Divídelas en pasos, concretos y reales,
y verás tu camino abrirse entre señales.

Actúa con coraje, sin titubear,
pues el progreso florece al participar.
Cada día comprométete a avanzar,
hacia la vida divina que quieres lograr.

Abraza la resiliencia cuando surjan desafíos,
pues los tropiezos esconden caminos tardíos.
Aprende de ellos, adapta y continúa,
y verás cómo la fuerza en ti se insinúa.

Rodéate de almas que te inspiren pasión,
cuyos gestos y amor enciendan tu corazón.

Construye una tribu de espíritus sinceros,
que te eleven y guíen a sueños certeros.

Nutre tu mente, tu cuerpo y tu ser,
con rituales de cuidado que te hagan renacer.
Prioriza el descanso, escucha tu voz,
pues el crecimiento inicia en conexión con Dios.

Abraza la gratitud en cada amanecer,
encuentra la dicha en lo simple del deber.
Celebra tus logros, grandes o pequeños,
que la gratitud guíe siempre tus sueños.

Y por último, recuerda siempre dar,
esparce bondad, deja el amor brillar.
Pues al elevar a otros en su camino,
tu luz resplandece con mayor destino.

Toma estas acciones con propósito y fe,
y verás tu vida transformarse en lo que soñé.
Crea la vida que mereces tener,
y deja que tus sueños comiencen a florecer.

OPORTUNIDADES PARA EL CRECIMIENTO Y LA FORTALEZA

(Opportunities for Growth and Strength)
por Maria L. Ellis, BBA, MBA

Frente a los retos y las pruebas de la vida,
hallamos crecimiento y fuerza compartida.
Pues el viaje vital no siempre es llano y claro,
pero en la adversidad surge el ser más raro.

Cuando los obstáculos cruzan el camino,
no dejemos que el desaliento marque el destino.
Abracemos las pruebas con valor y conciencia,
pues en ellas habita la sabia experiencia.

Los tropiezos no son derrota ni fin,
sino oportunidades para un nuevo jardín.
Ponen a prueba nuestra fe y valor,
revelando el brillo del ser interior.

A través del desafío se forja la fuerza,
como el diamante que en presión se expresa.
Descubrimos poder donde no creíamos tener,
y el coraje renace para volver a vencer.

Cada obstáculo que surge al andar,
es chance de crecer, de evolucionar.
De ir más allá, de ascender con tesón,
y renacer con alma y corazón.

Ante la adversidad aprendemos a fluir,
a ver lo oculto, a construir y seguir.

Hallamos talentos que dormían en silencio,
y nos erguimos firmes con nuevo aliento.

No temamos, pues, los reveses de la vida,
son catalizadores del alma encendida.
Porque en los desafíos se llega a entender,
el inmenso poder que habita en el ser.

Cuando la vida te ponga a prueba, sé fuerte,
pues la resiliencia es el don de la suerte.
Abraza las lecciones que el reto dejó,
y mira cómo tu espíritu creció.

Aunque duelan las pruebas y el camino sea rudo,
son peldaños que hacen tu ser más profundo.
Con fe y corazón, sin miedo ni grief,
abraza el crecimiento, y halla el alivio en ti.

CREANDO UNA VIDA QUE AMAS

(Creating a Life You Love)
por Maria L. Ellis, BBA, MBA

En el reino de las posibilidades, donde los sueños florecen,
existe un secreto que las almas encienden.
Eleva tu vibración, deja que el alma despierte,
crea una vida que ames, plena y consciente.

Con cada respiro deja fluir lo positivo,
libera lo oscuro, suéltalo al olvido.
Porque en lo profundo de tu ser escondido,
hay poder inmenso, sagrado y nacido.

Eleva tu vibración, deja que el alma vuele,
desata tu pasión, que el espíritu revele.
Alinea con el cosmos, baila con las estrellas,
abraza la magia, rompe las huellas.

Suelta creencias que te hacen dudar,
y la abundancia empezará a llegar.
Cambia tu mente, deja que la gratitud guíe,
y verás cómo tu vida se transforma y sonríe.

Rodéate de amor, de almas sinceras,
de corazones alegres, de luces enteras.
Eleva tu energía con actos de bondad,
y verás florecer amor y felicidad.

Nutre tu cuerpo, tu mente, tu ser,
con experiencias que te hagan renacer.
Abraza el presente, deja atrás el ayer,
y verás tu vida más bella renacer.

Crea una visión, establece intención,
cree en tus sueños con devoción.
Eleva tu luz, deja tu esencia brillar,
y el universo sabrá cómo actuar.

Porque una vida que amas comienza en ti,
eleva tu vibración, deja fluir.
Abraza tu poder, tu fuerza interior,
y verás manifestarse tu mayor esplendor.

Eleva tu vibración, deja al alma volar,
abraza el amor, la abundancia y el dar.
Crea una vida que ames, plena y fiel,
porque elevar tu energía es la clave de él.

ENCENDIENDO TU ALMA

(Igniting Your Soul)
por Maria L. Ellis, BBA, MBA

En el reino de la creatividad hallamos nuestro altar,
donde los colores danzan y las palabras saben amar.
Un santuario del alma que empieza a brillar,
con gozo y plenitud que nos hacen volar.

Con pincel en mano pintamos los sueños,
en lienzos que guardan mil universos pequeños.
Trazos abstractos, matices y luz,
expresan emociones, revelan la cruz.

A través del lente una historia se crea,
capturando momentos que el tiempo desea.
Las fotos detienen la gracia fugaz,
y revelan belleza en su eterno compás.

En la palabra escrita hallamos consuelo,
versos poéticos que rozan el cielo.
Con pluma y papel tejemos historias,
imaginación que surca memorias.

El telón se alza, comienza la función,
los actores despiertan pura emoción.
Relatos dramáticos, pasiones sin fin,
la magia del teatro nos toca el confín.

En melodía y canto el corazón se alinea,
la música es idioma que al alma encamina.
Voces que vuelan, cuerdas que suenan,
espíritus altos en notas que llenan.

El torno gira, la arcilla responde,
formas nacientes, belleza que esconde.
Desde la tierra la creación brota,
arte que vibra, magia devota.

Con aguja y hilo cosemos destino,
diseños que expresan estilo divino.
Moda y arte en unión perfecta,
vistiendo el cuerpo con fuerza directa.

En los jardines sembramos con mimo,
vida que brota en su propio ritmo.
Flores que abren su dulce cantar,
la obra maestra de la tierra al amar.

Crear es un don que la vida concede,
colores del alma que el tiempo no puede.
Porque en la creación el espíritu late,
en gozo y amor el alma se desate.

MANIFESTACIÓN CONSCIENTE

(Conscious Manifestation)
por Maria L. Ellis, BBA, MBA

En los reinos del pensamiento, donde el misterio florece,
la conciencia se manifiesta y la historia crece.
Un tapiz de ideas tejido con gracia,
una sinfonía del alma que al espacio abraza.

En los sueños danza, creando visiones,
calescopio de colores, vivas emociones.
El teatro de la mente, morada de ilusión,
la conciencia vuela en pura expansión.

En el arte florece, emoción sin frontera,
un lienzo vivo, entrega sincera.
Del pincel al papel, del barro a la piedra,
la conciencia toma forma, pura y entera.

En el amor florece, llama encendida,
que une las almas en dulce vida.
Un toque suave, una sonrisa fiel,
la conciencia entrelaza su lazo de miel.

En la ciencia avanza, deseando explorar,
los secretos del cosmos quiere revelar.
De átomos a galaxias el misterio se extiende,
la conciencia despierta, la verdad comprende.

En la naturaleza vibra, en cada ser viviente,
de montañas majestuosas a ríos silentes.
Una sinfonía de vida en perfecta unión,
la conciencia canta su creación.

En la meditación halla paz y consuelo,
santuario sereno, respiro del cielo.
Momento de quietud, refugio interior,
la conciencia se expande en puro amor.

En cada instante, en cada respirar,
la conciencia se expresa al manifestar.
De la idea más grande al destello fugaz,
es esencia divina que todo da paz.

Abracemos, pues, esta creación sagrada,
la belleza de la conciencia revelada.
Porque en la presencia logramos ver,
las infinitas formas del ser y del creer.

ERES, LO QUE HABLAS

(You Are, What You Speak)
por Maria L. Ellis, BBA, MBA

En las palabras hallamos poder y expresión,
la esencia de quienes somos, sin confusión.
El lenguaje es el vaso que nuestra alma lleva,
un tapiz de palabras que el mundo observa.

Con cada sílaba dicha, una historia se abre,
la riqueza de culturas que el tiempo no apague.
A través del lenguaje afirmamos raíz,
conectando herencias que nos dan matiz.

En acentos y tonos habita el origen,
mapa del camino donde el alma se aflige.
Desde la "r" vibrante de lengua española,
hasta la cadencia irlandesa que emociona.

Por medio del habla afirmamos lugar,
voz única y clara, abrazo sin par.
Cada palabra revela verdad y color,
reflejo brillante de nuestro interior.

Con cada palabra formamos el pensar,
damos sentido, dejamos legado al pasar.
De poesía y prosa, de canto o papel,
el lenguaje empodera, su don es fiel.

En dichos y frases, sabiduría ancestral,
transmitida con amor, valor cultural.
Metáforas vivas que unen al ser,
tejido de afecto que vuelve a nacer.

El lenguaje preserva la historia y canción,
custodia eterna de nuestra nación.
En lenguas antiguas y maternas también,
resuena el pasado, que siempre es bien.

Por medio del habla construimos unión,
rompiendo barreras con comprensión.
En traducción e interpretación florece la paz,
abrazando culturas, diversidad y más.

Cuidemos el don del lenguaje y la voz,
pues son la llave que habita en los dos.
Moldea identidad, revela el ser,
cada palabra nos vuelve a tejer.

LAS DECISIONES QUE TOMAMOS

(The Choices We Make)
por Maria L. Ellis, BBA, MBA

En el tapiz de la vida, nuestras decisiones se tejen,
cada hilo una historia que el alma protege.
Con cada paso dado un camino se abre,
moldeando el destino que el corazón sabe.

En el abrazo del alba, al despertar el día,
cruzamos senderos de elección y poesía.
Cada decisión abre una puerta al andar,
mostrando posibilidades por explorar.

En el reino de la acción la intención florece,
y cada elección nuestro ser enaltece.
Con cada palabra lanzamos un eco,
que toca el presente y deja su rastro.

En el reino del amor el corazón guía,
elige la compasión, la empatía.
Porque en la bondad y en el amor sincero,
creamos un mundo justo y entero.

En el reino de los sueños arde el deseo,
cada decisión nos eleva del suelo.
Porque las elecciones forjan destino,
revelan el ser, nuestro camino divino.

En el reino del reto surge el valor,
elegir la resiliencia sana el dolor.
Porque en la lucha y en la adversidad,
forjamos carácter y humanidad.

En el reino del tiempo los momentos se dan,
elegir presencia es vivir el afán.
Porque las decisiones de cada jornada,
son notas que forman la sinfonía sagrada.

Seamos conscientes al decidir,
del impacto que dejamos al existir.
En el tapiz de la vida quedarán grabadas,
las decisiones que tomamos, entrelazadas.

¿NUESTRAS DECISIONES O NUESTRO DESTINO?

(Our Choices or Our Fate?)
por María L. Ellis, BBA, MBA

En el reino de la libertad surge la cuestión,
¿somos verdaderos dueños o piezas en ilusión?
Mientras cruzamos la vasta urdimbre vital,
¿poseemos libre albedrío o es un espejismo terrenal?

Cada día fluyen decisiones como ríos sin fin,
un baile de opciones que nos guían al confín.
Pero tras el telón, una corriente escondida,
fuerzas predeterminadas que orquestan la vida.

En nuestros cuerpos reina lo automático y fiel,
regulando funciones sin pedir papel.
El corazón que late, el aire que va,
por fuerzas mayores que nadie controlará.

En la mente profunda las neuronas arden,
pensamientos y sueños que nunca se pierden.
Mas leyes de física y química los rigen,
limitando el libre albedrío que fingen.

Nuestros genes heredados, guion ancestral,
plan de la vida marcado sin final.
Fijado al nacer, invisible pero real,
influyen decisiones de modo vital.

Y sin embargo, en esta red del destino trazado,
una chispa de libertad aún ha brillado.

Pues aunque las leyes nos puedan atar,
en el reino del alma podemos actuar.

En los espacios donde las opciones nacen,
descubrimos poder, caminos que hacen.
Podemos alzarnos sobre el cauce marcado,
y forjar el sendero que hemos soñado.

Quizá la libertad no sea control total,
sino conciencia de lo causal.
Navegar corrientes con intención clara,
y elegir con alma que nunca se para.

¿Tenemos libre albedrío? Difícil saber,
tapiz complejo de duda y poder.
Mas en la elección sigamos buscar,
pues en la libertad se aprende a amar.

SOBRE LA AUTORA

Maria L. Ellis, BBA, MBA, es una inversionista, líder empresarial y educadora con una profunda pasión por ayudar a los demás a construir riqueza duradera a través del sector inmobiliario. Con décadas de experiencia en finanzas, emprendimiento e inversión estratégica, Maria ha guiado a innumerables personas a tomar el control de su futuro financiero e invertir con claridad, confianza y propósito.

Es fundadora de una empresa familiar de inversión inmobiliaria, donde ella y su equipo adquieren, administran y hacen crecer portafolios multifamiliares en mercados prósperos de los Estados Unidos. Reconocida por su sabiduría práctica, liderazgo compasivo y enfoque basado en valores, Maria cree que el sector inmobiliario no se trata solo de propiedades, sino de personas, impacto y legado.

Maria también es autora publicada de múltiples libros sobre emprendimiento, bienestar, longevidad y empoderamiento femenino. Su escritura refleja la misión de su vida: educar, inspirar y empoderar a otros para vivir plenamente e invertir con sabiduría.

Cuando no está negociando acuerdos o guiando a inversionistas, Maria disfruta viajar con su familia, orientar a las nuevas generaciones y vivir una vida con propósito, llena de servicio, alegría y crecimiento.

Contacto:
Correo electrónico: mellis@fsacap.com
Móvil: 973-216-4181

ACERCA DE ELLIS
PUBLISHING HOUSE

Ellis Publishing House presenta la obra y visión de la reconocida autora y educadora **Maria L. Ellis, BBA, MBA**. Fundada con el propósito de compartir ideas claras y útiles con un público amplio, la editorial se especializa en obras de no ficción práctica con valor perdurable: finanzas y negocios, salud y longevidad, liderazgo, cuidado personal y familiar, bienes raíces y poesía, junto con la destacada serie *Journey to Wellness, Freedom, and Legacy*. Las ediciones están disponibles en inglés y español en formatos impreso, digital y de audio.

La carrera de Maria abarca la banca internacional, la asesoría en inversiones y la planificación financiera, experiencia que sustenta su enfoque realista hacia el dinero, el liderazgo y el bienestar a largo plazo. Graduada del programa Owner/President Management de la **Harvard Business School**, posee títulos en administración de empresas de la **University of Massachusetts Amherst** y ha desempeñado funciones de liderazgo y asesoría en juntas educativas y organizaciones sin fines de lucro. Sus libros y conferencias enfatizan la claridad, la compasión y la acción, ayudando a los lectores a tomar mejores decisiones para sí mismos, sus familias y sus comunidades.

Ellis Publishing House existe para avanzar en esa misión: publicar libros que traduzcan la experiencia en herramientas prácticas, que inviten a la reflexión consciente y motiven a los lectores a construir no solo éxito, sino también significado. Su catálogo incluye guías sobre libertad financiera, planificación de legado empresarial familiar, salud del emprendedor, longevidad, inversión en bienes raíces, liderazgo, cuidado del adulto mayor y una colección de poesía que celebra la vida en la Tierra.

En todas sus publicaciones, **Ellis Publishing House** promueve ideas con impacto medible, historias con corazón y diseños concebidos para perdurar, reflejando el compromiso de **Maria L. Ellis** con el servicio, la integridad y la excelencia accesible.

OTROS LIBROS DE
ELLIS PUBLISHING HOUSE

Alcanza la Libertad Financiera: La Hoja de Ruta hacia el Éxito Financiero
por Maria L. Ellis, BBA, MBA

Plan de Legado para Empresas Familiares: La Guía Definitiva para Crear un Legado para tu Familia sin Pagar Demasiados Impuestos
por Maria L. Ellis, BBA, MBA

Redefiniendo el Éxito Empresarial: Una Guía para un Estilo de Vida Saludable y Holístico
por Maria L. Ellis, BBA, MBA

Longevidad: Reinvéntate a Cualquier Edad
por Maria L. Ellis, BBA, MBA

La Vida en la Tierra: Perspectivas Poéticas
por Maria L. Ellis, BBA, MBA

Golf: Un Curso de Negocios — Algunas Lecciones que el Golf Puede Enseñarnos sobre la Gestión y el Emprendimiento
por Maria L. Ellis, BBA, MBA

De Operador a Emprendedor: Desbloqueando el Poder del Liderazgo Visionario
por Maria L. Ellis, BBA, MBA

Recuerdos Robados: Un Viaje a Través del Alzheimer
por Maria L. Ellis, BBA, MBA

Diseñando tu Longevidad: Un Plan Personalizado para Vivir con Más Energía, Propósito y Vitalidad
por Maria L. Ellis, BBA, MBA

Invertir en Bienes Raíces Multifamiliares: Una Guía para Invertir con Ingresos, Impacto y Riqueza Generacional
por Maria L. Ellis, BBA, MBA

**Disponible en EllisPublishingHouse.com
y en las principales librerías en línea.**

www.ingramcontent.com/pod-product-compliance
Lightning Source LLC
Chambersburg PA
CBHW051506050726
47594CB00010B/3984